AF460370

A Monsieur Delisle
Hommage de E. Cortambert

INTRODUCTION A L'ATLAS

DES

MONUMENTS DE LA GÉOGRAPHIE

PAR

FEU M. JOMARD

Membre de l'Institut, Président de la Société de Géographie,
Conservateur du Cabinet des Collections géographiques
de la Bibliothèque nationale.

PUBLIÉE PAR LES SOINS ET AVEC DES REMARQUES

DE

M. E. CORTAMBERT

Ancien Président de la Commission centrale de la Société de Géographie,
successeur de M. Jomard dans la direction du Cabinet
des Collections géographiques.

PARIS
ARTHUS BERTRAND, ÉDITEUR,
21, RUE HAUTEFEUILLE, 21

1879

INTRODUCTION A L'ATLAS

DES

MONUMENTS DE LA GÉOGRAPHIE

EXTRAIT DU BULLETIN DE LA SOCIÉTÉ DE GÉOGRAPHIE DE PARIS

INTRODUCTION A L'ATLAS

DES

MONUMENTS DE LA GÉOGRAPHIE

PAR

FEU M. JOMARD

Membre de l'Institut, Président de la Société de Géographie,
Conservateur du Cabinet des Collections géographiques
de la Bibliothèque nationale.

PUBLIÉE PAR LES SOINS ET AVEC DES REMARQUES

DE

M. E. CORTAMBERT

Ancien Président de la Commission centrale de la Société de Géographie,
successeur de M. Jomard dans la direction du Cabinet
des Collections géographiques.

PARIS

ARTHUS BERTRAND, ÉDITEUR,

21, RUE HAUTEFEUILLE, 21

M. Jomard voulait consacrer une description développée à chacune des planches qui composent son bel *Atlas des Monuments de la géographie.* La mort ne lui a pas permis de la composer; mais il avait réuni, pour cette description, un grand nombre de matériaux, que M. d'Avezac, d'après le vœu que l'auteur avait exprimé par écrit, se chargea d'utiliser et de compléter; malheureusement la mort vint encore interrompre le travail du savant légataire; on possède du moins l'*Introduction* qui était destinée à précéder l'ouvrage, et les amis de la géographie nous sauront gré de leur offrir ce dernier fruit des veilles de l'homme éminent qui fut un des fondateurs et longtemps le chef vénéré de la Société de géographie.

E. CORTAMBERT.

INTRODUCTION

AUX

MONUMENTS DE LA GÉOGRAPHIE

---

§ I. — Remarques générales sur les monuments de la géographie.

L'histoire est aujourd'hui, plus qu'elle ne l'a jamais été, l'objet des recherches et des travaux des écrivains, et celui de la prédilection du public; on a senti, par l'étude des lois générales, qu'il fallait chercher dans le passé la règle de l'avenir, ou tout au moins une lumière et un guide, parce que là sont l'exemple et la leçon. De là cette émulation universelle pour l'étude des faits, pour la recherche des documents de toute nature qui révèlent ce qui a été. L'histoire politique, l'histoire sociale ont attiré de préférence l'attention du public et par conséquent celle des auteurs. Mais on a voulu avoir aussi l'histoire des mœurs, l'histoire des sciences, l'histoire des lettres, l'histoire des arts, l'histoire des langues, l'histoire des professions, enfin l'histoire de tous les progrès de l'esprit humain.

Malheureusement les traditions, les traces les plus anciennes ont péri : les hommes des premiers temps ont ignoré l'art de conserver le souvenir des événements. Plus tard, l'écriture en a donné le moyen ; mais la barbarie a détruit l'œuvre des sages ; les annales des peuples lointains ont été anéanties par le fléau de la guerre ; les monuments des premiers jours qui devaient nous les transmettre ont, presque tous, disparu sous les coups de l'ignorance. Il n'en reste que de faibles vestiges, et la chaîne des faits est brisée en mille endroits.

Malgré ces déplorables lacunes, des hommes de génie, à force de patience et d'études, sont parvenus à reconstruire plusieurs parties de l'histoire primitive, et l'on est même venu à bout d'esquisser le tableau du progrès des connaissances humaines avant la découverte de l'imprimerie, découverte qui a mis pour toujours un terme à la perte des souvenirs.

Toutefois, ce tableau de la marche des arts et des sciences est demeuré incomplet. Que savons-nous d'exact, par exemple, sur la marche des découvertes astronomiques chez les anciens, sur les instruments d'observation, ou bien sur les procédés de l'industrie, sur l'emploi des moyens mécaniques, sur le travail des métaux? Et cependant les grands monuments des arts et les matières travaillées par les anciens démontrent qu'ils étaient avancés dans la pratique, et que, selon toute apparence, cette pratique était éclairée par une observation assidue des phénomènes naturels, base et point de départ de toute théorie.

Les monuments et les ouvrages de l'industrie sont donc, pour ainsi dire, les seuls vestiges et la seule histoire de la science antique, et l'on ne saurait trop les étudier, car ils doivent renfermer en eux le secret de l'art qui les a élevés, des principes d'après lesquels on les a construits [1].

1. Pour donner une idée de ce qu'on peut apprendre par l'étude approfondie des ouvrages de l'art des anciens, je supposerai qu'à l'aspect d'une antique voûte, qu'on apercevrait pour la première fois, on se demandât quel principe a été la cause de sa stabilité ou d'après quelle méthode elle a été construite. Si les éléments de la voûte venaient à être séparés

Parmi les sciences dont les origines et les progrès successifs sont encore mal connus ou même presque ignorés, on doit compter surtout la *géographie*, bien qu'elle n'ait pas été, qu'elle n'ait pu être la première qu'ait créée l'intelligence humaine; ses rudiments primitifs se perdent dans la nuit des temps. Des ouvrages matériels qu'elle a produits, il ne subsiste absolument rien; pas une carte ne nous reste de l'antiquité, et cependant il en existait de temps immémorial; elles étaient gravées sur le marbre, sur le bois ou sur le métal. On y avait tracé les mers, le cours des rivières et la position des montagnes, ainsi que la situation des villes et les limites dès empires. Les distances des lieux avaient été déterminées, soit par de nombreux voyages dont la relation s'est perdue, soit par les expéditions militaires et les marches des invasions. Que sont devenus ces témoins des progrès des découvertes, sorte d'histoire authentique de la géographie? Personne ne le sait, nul ne peut le dire; mais combien il serait curieux, si on les possédait, de comparer entre eux ces essais successifs, et surtout de les rapprocher et de ce qu'on faisait, et de ce qu'on savait au moyen âge! Essais informes, sans doute, et que la science moderne peut-être verrait avec dédain, n'ayant rien à y apprendre, mais instructifs pour l'histoire de l'esprit humain, pour celle des méthodes, pour la comparaison des différentes races et de leurs degrés d'intelligence ou d'aptitude scientifique.

Il n'est pas probable qu'aucun de ces monuments antiques de la géographie ait résisté aux ravages du temps et de la barbarie, et qu'on retrouve jamais les mappes originales des Égyptiens, des anciens Orientaux, des Grecs et des

par une cause quelconque, et si l'on s'appliquait à observer très-attentivement la forme et la coupe de toutes ces pierres, ne devinerait-on pas bien vite et les motifs de cette taille spéciale de chaque pierre, et l'objet de la clef de cette voûte, et le principe de la solidité? — J.

Romains, puisque celles du VIIIe siècle de l'ère chrétienne ont disparu [1].

Ainsi, pour apprécier l'état et la marche des connaissances géographiques, nous n'aurons peut-être jamais à notre disposition que les textes de quelques auteurs classiques. C'est une lacune à laquelle il faut se résigner, puisque tant de découvertes faites en Orient comme en Occident depuis un demi-siècle, tant de voyages lointains, tant de travaux en philologie n'ont fait découvrir aucune de ces anciennes productions de la géographie.

Mais il est une époque moins ancienne, non moins digne d'intérêt, qui offre à résoudre un problème de la même nature, et qui fort heureusement est plus riche en matériaux, en moyens d'études : c'est celle du moyen âge. Depuis la réforme de la science par Ortélius, après la première moitié du XVIe siècle jusqu'à nos jours, l'histoire des découvertes laisse peu d'incertitude ; il n'en est pas de même pour les six ou sept siècles antérieurs. Or rien ne semble plus propre à dissiper les ténèbres que la comparaison des anciennes cartes manuscrites conservées dans les bibliothèques publiques ou privées, mais disséminées sur tous les points de l'Europe. La publication de ces monuments étant le seul moyen d'opérer ces rapprochements nécessaires, l'auteur a pensé qu'il fallait faire un choix parmi ces divers ouvrages, les reproduire avec la plus grande fidélité et livrer à l'étude tous ces *fac-simile*, de manière à ce que, dans toute bibliothèque pourvue de ce *corpus* géographique, chacun pût se faire une idée certaine de la marche successive des découvertes. Cette entreprise bien exécutée serait, en quelque sorte, une histoire de la géographie par les cartes, histoire faite par elle-même, c'est-à-dire par ses

1. On ne peut regarder comme une carte proprement dite la Table Peutingérienne, copie précieuse, mais qui n'est qu'un simple itinéraire sans autre indication que les chiffres des distances, nullement propre à enseigner la position relative des lieux. — J.

productions graphiques; elle serait donc la plus authentique et la plus sûre.

L'auteur n'est sans doute pas le premier qui ait songé à une publication de cette espèce ; et la difficulté, mais non le défaut d'utilité, y a mis obstacle jusqu'à présent. On n'a donné en effet que des spécimens, des fragments de ces vénérables parchemins qui ont surnagé au naufrage général.

Les cartes des anciens ayant disparu, les Orientaux sont venus à leur tour. Aidés des cartes de Ptolémée, peut-être de Marin de Tyr, ils ont écrit des descriptions du globe et tracé des mappemondes et des cartes spéciales; mais, si les premières étaient perdues pour l'Europe, les autres étaient à peu près comme non existantes. Il a fallu presque tout recommencer; c'est alors que les Pisans, les Génois, les Vénitiens, les Catalans ont fait de nombreux travaux cartographiques, appuyés non plus seulement sur les cartes des Arabes, mais sur des reconnaissances maritimes ou des excursions continentales. Certes si les anciennes cartes des Grecs eussent existé alors, on en verrait des traces dans les cartes italiennes et espagnoles, tout au moins sur celles qui ont suivi la prise de Constantinople [1].

Il faut donc rechercher aussi curieusement les cartes orientales, qui sont comme la transition entre celles des anciens et celles des modernes.

On ne doit pas s'attendre, à beaucoup près, à trouver dans ce Recueil toutes les grandes cartes du moyen âge aujourd'hui connues : l'entreprise exigerait bien plus d'années et de ressources que celles dont nous pouvons disposer. Et quand il serait possible de le rendre complet, il faudrait encore s'en garder comme d'un travail presque sans utilité, un certain nombre d'exemples choisis pouvant suffire au

1. La Bibliothèque du sérail ne renferme pas, comme on s'en était flatté, d'anciennes cartes byzantines, ni aucune carte grecque moderne; la recherche en a été faite dans ces derniers temps par S. E. Rechid-pacha, qui a bien voulu, à ma demande, s'occuper de cette investigation. — J.

but que nous nous sommes proposé, savoir : d'éclairer les époques successives des progrès de la science et des principales découvertes.

Nous avons d'ailleurs un but secondaire, celui de provoquer la recherche plus complète de tous les monuments de la géographie encore inconnus, conservés dans les bibliothèques particulières ou ailleurs, enfouis, peut-être, dans des dépôts d'une tout autre nature; enfin de les faire surgir de la poussière et sortir de l'oubli où ils sont ensevelis[1].

Lors de la création, en 1828, à la Bibliothèque royale de Paris, d'un *dépôt central de géographie*, nous avons commencé la recherche de ces cartes du moyen âge si longtemps négligées, afin d'en enrichir la *collection*, soit en originaux, soit en *fac-simile*. Dès ce moment, loin de regarder les anciens documents comme étant sans intérêt, et leur étude comme étant sans but (ainsi que l'ont imaginé des esprits prévenus, superficiels ou irréfléchis), on s'est attaché, au contraire, de toutes parts en Europe, à les rechercher, à les acquérir, et ils sont devenus d'une extrême rareté, apparemment parce que l'utilité scientifique en était reconnue. Cette dispersion est fâcheuse ; mais c'est y remédier que de les publier, et de le faire avec le soin scrupuleux que requièrent l'état des sciences historiques et paléographiques et l'état des sciences exactes, c'est-à-dire, avec une fidélité telle que toute personne puisse, dans son cabinet, travailler sûrement sur ces cartes, comme si elle tenait dans ses mains les manuscrits dans leur état actuel, avec tous les accidents et même les imperfections de l'original.

Avant d'entrer en matière et d'exposer le plan de cette publication, ainsi que la composition de l'ouvrage, nous devons soumettre au lecteur une observation préalable : le travail que nous lui présentons n'est pas un livre de doc-

1. Comme les archives des villes, celles des notaires, les greffes des tribunaux, etc. — J.

trine, une nouvelle histoire générale et critique de la géographie, c'est-à-dire des notions et des cartes géographiques. L'entreprise serait de longue haleine et plus difficile peut-être que pour nos prédécesseurs, qui avaient moins de sources à consulter. Bien des découvertes de manuscrits ont été faites depuis le siècle dernier. Il serait inutile de répéter ce qui a été dit par tant de savants hommes, tels que Gottschling, Hauber, L. Hubner, Mayer, L. Schlicht, Fréret, Formaleoni, Zanetti, Andrès, Cladera, Mannert, Sprengel, D. Vincent, de Murr, Tiraboschi, Zurla, Morelli, Heeren, Malte-Brun, Hoffmann, Lelewel, Baldelli, A. Pezzana, et vingt autres[1], sans parler de leurs devanciers, Ortelius, Cluvier, Bergier, etc., ni de nos compatriotes Buache, Mentelle, Barbié du Bocage, le baron Walckenaer, etc. En s'occupant des diverses parties de l'histoire générale des connaissances géographiques, plusieurs de ces écrivains, surtout les plus récents, ont dû songer à faire et à publier un *corpus* des anciennes cartes ; mais aucun n'a réalisé cette pensée d'une manière complète. La liste des matériaux est considérable ; je la donnerai plus tard, et l'on verra que la nomenclature en est si longue, que personne ne saurait songer à graver et à publier une si grande masse de documents. La tâche serait immense et dépasserait toute limite. Une suite de spécimens pris dans cette catégorie atteindra l'objet que nous avons en vue, et l'utilité de ce recueil en justifiera la publication. S'il pouvait d'ailleurs rester quelque doute sur l'avantage de cette publication, il suffirait d'ajouter qu'il importe de conserver, au moyen d'une reproduction fidèle, et pendant qu'il en est temps encore, les monuments de la géographie exposés aux ravages du temps. En effet, sur ces précieux parchemins, les noms des lieux vont en s'effaçant de plus en plus, et les traits géographiques disparaissent avec les

1. Pinkerton, Playfair, Lœwenberg, etc.

fragments de l'étoffe : les publier, c'est donc les sauver d'une ruine prochaine.

Quand la date d'une découverte n'est pas fournie par des documents contemporains authentiques, on peut y parvenir approximativement à l'aide d'une carte datée ; on a du moins la certitude que l'époque de la découverte de tel pays ou d'une localité donnée n'est pas postérieure à la date de la carte. Quand celle-ci manque, on a le secours des pavillons et autres signes propres à caractériser, soit les puissances qui dominaient dans les différentes parties du globe, soit les divers peuples navigateurs. Et lorsqu'il arrive qu'un de ces pavillons existe sur le point qui est en question, l'on est sûr que ce point était sous la domination du peuple auquel ce pavillon appartenait à l'époque où la carte a été tracée, ou à un temps voisin de cette époque. Il faut donc, pour l'étude des cartes anciennes, considérées sous ce rapport, réunir plusieurs éléments nécessaires, outre la série des dates bien connues des découvertes : 1° celle des époques auxquelles certains pays, certains lieux ont changé de maître ; 2° celle des pavillons et autres signes caractéristiques des puissances. Ces règles toutefois ne sont pas sans exception.

Il existe encore un autre principe qui domine l'étude de l'histoire des découvertes. Il est incontestable que les cartes peuvent en révéler la date, mais on ne doit pas perdre de vue qu'une carte géographique, même datée, ne donne point l'état d'avancement des connaissances générales à cette date; elle n'exprime cet état que pour le pays où elle a été faite, et même pour le géographe ou le dessinateur dont elle est l'ouvrage. Cette remarque est importante, nous y reviendrons plus d'une fois. On comprend aisément qu'il peut y avoir eu de grandes différences entre les notions de deux peuples, plus ou moins avancés, plus ou moins éloignés entre eux, plus ou moins en rapport ensemble ; et, dans un même pays, entre des individus plus ou moins instruits sur les connaissances acquises en géographie. Cela était inévitable avant la découverte de l'imprimerie, et surtout au milieu des ténèbres du moyen âge. Qu'on se garde donc de conclure de l'absence d'un lieu sur une carte datée, par exemple une carte catalane ou toute autre, qu'à la même date ce lieu et sa situation étaient ignorés des Pisans, des Génois, des Vénitiens ou des Portugais, etc. Encore un coup, l'auteur d'une carte, au moyen âge, ou même au xvie siècle, n'a pu y introduire que les notions parvenues jusqu'à lui.

Quelle que soit la certitude des éléments que fournit l'étude des anciennes cartes, il ne faut pas croire qu'il soit toujours facile d'en tirer des conséquences exactes ; la matière est parfois très-compliquée et même difficile à traiter pour les personnes les plus familières avec ce genre de monuments ; je citerai en preuve, et pour abréger, un seul exemple des plus concluants. Supposons que l'on demande quel était au vrai l'état des connaissances vers le commencement du xive siècle, vers l'an 1321. Cette question importe, car l'époque dont il s'agit est presque un point de départ ; Marco Polo était de retour; Jean de Mandeville, par ses propres voyages, avait jeté de la lumière sur ceux du célèbre Vénitien ; enfin, les faits positifs de ce temps doivent être curieusement recherchés à cause de l'obscurité qui plane sur les premiers voyages des Génois et des Pisans dans les mers du Levant. En examinant les cartes de cette époque, que trouvons-nous ? D'une part, la mappemonde souvent citée de Marino Sanuto, offerte au pape Jean XXII par ce voyageur dans l'année 1321 ; d'autre part, la carte encore plus célèbre de P. Vessconte, de 1318, signée et datée. Or la première est une carte presque grossière où les formes des continents et des mers sont étrangement dénaturées, comme les situations des lieux y sont tout à fait déplacées; la seconde, au contraire, atlas de neuf cartes, est comparable aux cartes des xve, xvie et xviie siècles, et même, à certains égards, du siècle dernier. Maintenant, si quelqu'un, ignorant l'existence de ce dernier monument, voulait juger, par le premier seul, de l'avancement des connaissances géographiques au XIVe siècle, ne tomberait-il pas dans une erreur profonde? Serait-il admis à argumenter de la carte de Marino Sanuto? Or, c'est le hasard qui a conservé l'atlas de Vessconte. C'est le hasard qui fait découvrir, de loin en loin, tous ces monuments précieux, échappés par miracle à la faux du temps. Il faut donc juger de la marche et de l'état des découvertes par les ouvrages les plus parfaits, dont la date est constante et l'authenticité incontestable, et non par des productions imparfaites. Que dirait-on de celui qui jugerait, par les figures de lions de nos faïenciers, de l'habileté des statuaires modernes à représenter les animaux? On verra dans cet ouvrage de nombreux exemples, non moins démonstratifs, à l'appui du principe que nous établissons ici et que son évidence logique pourra dispenser de toute démonstration.

§ II. — Aperçu historique ou coup d'œil général sur l'histoire des cartes géographiques.

Il y a loin des premiers rudiments des cartes géographiques à des cartes du globe telles que celle des frères Pizigani, de l'an 1367, ou celle de Vessconte, de 1318, ou bien la carte vénitienne de la mer Noire [1], qu'on a attribuée au XIIIe siècle (bien qu'elle doive, selon moi, dépendre du XIVe). Il y a même encore bien loin des origines primitives de la cartographie aux cartes arabes du Xe et surtout du XIIe siècle. Néanmoins, quelque grossières que

1. Il s'agit ici de celle qui a été publiée par Formaleoni dans son Histoire du commerce de la mer Noire. — J.

que soient ces ébauches, elles ne sont pas absolument indignes de toute attention, et même elles méritent d'être étudiées par l'observateur philosophe. Pour quiconque cherche à se rendre compte de la marche de l'esprit humain, aucun degré n'est à négliger, encore moins à dédaigner.

Que trouve-t-on à l'origine? Absolument rien qui ressemble à la construction géographique, à la projection des cartes; mais seulement deux premiers essais qui doivent un jour y conduire : l'un consiste dans des itinéraires, ou plutôt des listes itinéraires des lieux, c'est-à-dire de simples nomenclatures ; l'autre, dans l'image grossière de la Terre, dans la forme d'un cercle coupé par un diamètre et divisé en trois parties. Le demi-cercle supérieur, c'est l'Asie; les deux autres quarts sont l'Afrique et l'Europe. Quant à ces itinéraires, ils ont été la première ébauche des cartes de contrées, de même que ce *cercle* a été la première esquisse des mappemondes.

Considérons d'abord les itinéraires, qui furent les premiers besoins des antiques voyageurs. Si, pour se rendre d'un point à un autre, il y avait à passer une rivière, à gravir une montagne, à contourner un lac, à traverser une plaine ou une forêt, on écrivait, à la suite les uns des autres, dans l'ordre du trajet, les noms de cette rivière, de cette montagne, de ce lac, de cette plaine, de cette forêt ; du moment où l'on eut dénommé les tribus et les peuplades, les groupes d'habitations, l'on ajouta leurs noms aux autres noms, toujours dans l'ordre du *cheminement*.

Mais, comme une simple liste de noms ne suppose aucune différence entre les intervalles des lieux, il fallut de toute nécessité trouver le moyen de les exprimer; que fit-on? Selon qu'une distance était double ou triple d'une autre, on écarta les noms à des intervalles à peu près proportionnels. De cette manière on connut le chemin qu'il fallait faire, et par suite le temps qu'il fallait mettre pour arriver à tel gué, à telle embouchure de fleuve, à tel confluent de rivières, enfin à un lieu quelconque donné.

Il restait une autre condition à satisfaire. Quelque directe que soit la marche d'un point à un autre, la déviation est toujours plus ou moins considérable, et la direction change à tout instant entre les points intermédiaires. Il fallait donc disposer les noms des lieux, non plus en ligne droite, comme sur une liste, mais en zigzag, dans des positions plus ou moins écartées de la ligne droite de jonction.

Pour remplir la première condition, il y avait deux moyens, approximations grossières à la vérité : l'un, applicable pour les grandes distances, consistait à observer le temps écoulé ; l'autre, pour les distances courtes, à estimer les distances en nombre de pas, ce qui est la mesure la plus naturelle et toujours facile à obtenir.

Quant au temps, il n'était pas très-malaisé de l'apprécier en parties du jour équinoxial, ou même en divisant, à l'aide des ombres, l'intervalle variable qui sépare le lever et le coucher du Soleil.

Pour la deuxième condition , l'on voyait facilement si chaque direction déclinait à droite ou à gauche, et si elle déclinait peu ou beaucoup; on pouvait donc placer à peu près bien, ou tolérablement du moins, en distance et en direction, les noms des lieux. Mais ces noms eux-mêmes occupant souvent trop d'espace, ils n'indiquaient pas la situation avec assez de précision; on les accompagnait d'un signe quelconque, représentatif des lieux et placé au point précis qu'ils occupaient.

Voilà la première carte itinéraire, tirée, on le voit, des simples listes des noms. De là, bientôt, les cartes itinéraires proprement dites, où les lignes de jonction d'un point à un autre étaient dirigées approximativement d'après les points cardinaux, d'après le levant et le couchant vrais, ou d'après le levant et le couchant d'été et d'hiver, ou enfin d'après la direction des vents réguliers reconnus pour les plus constants. De là aussi la rose des vents, première base exacte employée pour la chorographie. S'il y avait quelque difficulté pour le point du nord, on avait en revanche le point précis du midi, par le point milieu de la course quotidienne du Soleil; le jour équinoxial donnait aussi avec précision le point du levant et celui du couchant. Pour démontrer la parfaite vraisemblance de cette origine, il nous suffirait presque d'alléguer l'exemple des tables mexicaines peintes sur agavé, sortes de cartes rudimentaires (curieuses, malgré leur imperfection, à étudier par ce motif même), où l'on voit les routes suivies par les Toltèques et les Aztèques, dans de certaines directions, exprimées par des *figures de pieds*, c'est-à-dire les traces de pas des hommes de ces tribus, se transportant lors de leurs migrations d'un lieu à un autre. Outre ces espèces de cartes hiéroglyphiques des Mexicains, on peut citer celles des Mongols, où sont exprimées leurs migrations [1].

Tels furent, selon nous, les commencements de l'art de représenter les lieux de la Terre sur une surface plane; l'expression graphique du terrain y est encore à peu près nulle, et encore plus l'exactitude mathématique; mais il fallait que la géométrie fût née pour aller plus loin.

Passons à l'image circulaire du globe, à l'*orbis tripartitus*. L'idée n'a pu en venir qu'après de nombreux voyages et de lointaines navigations, puisqu'on y distingue la Terre partagée en ses trois grandes divisions et qu'elles y portent leurs noms. Le temps ne nous en a conservé que des copies récentes, du moins relativement à l'époque pour ainsi dire immémoriale de leur apparition ou de leur invention; celles-ci datent des xe et xie siècles, et encore au xive et au xve siècle [2] on les traçait de même, malgré leur grossière

1. Morton, *An inquiry into the distinctive characteristics of the aboriginal race of America*; 2e édition, in-8°. Philadelphie, 1846.
2. *Rudimentum Novitiorum*. Lubeck, 1475, f° LXXV.

imperfection, quoique les connaissances fussent mille fois plus avancées.

Le cercle de la Terre est enfermé ici par une ceinture ou zone concentrique représentant l'Océan ; il est souvent traversé par un diamètre ou bande horizontale, d'où descend un rayon perpendiculaire à cette bande, que coupe en deux le demi-cercle inférieur. A gauche est l'Europe, à droite l'Afrique. L'Asie occupe tout le demi-cercle supérieur. La partie gauche de ce diamètre correspond à la mer Noire, et la droite à une partie de la Méditerranée ; le rayon perpendiculaire, à l'autre partie. On y voit le Don et le Danube se décharger dans la mer Noire, le Nil dans la première partie de la Méditerranée.

Ces trois fleuves sortent quelquefois, non d'une montagne, mais de la ceinture de mer dont nous avons parlé [1]. La Palestine occupe ordinairement le milieu. Jérusalem est au point de centre. Il y a un grand nombre d'exemples [2] de ces bizarres mappemondes ; mais une des plus curieuses est la carte du Commentaire manuscrit de l'Apocalypse, publiée imparfaitement par Pasini dans le Catalogue de la Bibliothèque de Turin. On croit généralement ce manuscrit du xe siècle ; mais plusieurs savants, et entre autres l'abbé Gazzera et M. de San-Quintino, l'attribuent au xie [3]. Dans la partie supérieure de l'Asie, figure le Paradis terrestre. Tout

1. *Specimen Mappæ geographicæ*, tiré d'un manuscrit conservé à Leipzig (Bibliothèque du Sénat, n° XL, f° 164, *b*), publié par M. Naumann, 1837, in-4°. — J.

2. Il y a de ces mappemondes datées dans la Bibliothèque de la Propagande à Rome. — J.

3. D'autres même le font descendre au xiie siècle ; mais le Commentaire de l'Apocalypse, qui fut composé par Beatus au viiie siècle, a été accompagné de bien d'autres cartes, et la plus curieuse est sans doute celle qui appartient au département des manuscrits de la Bibliothèque nationale et qui a été faite au monastère de Saint-Sever en Gascogne au xie siècle. Nous en avons donné le fac-similé et la description détaillée dans le *Bulletin* de la Société de Géographie, 1877.

E. Cortambert.

le continent asiatique se réduit à l'Asie Mineure et à l'Arabie ; l'Inde n'y est pas mentionnée. La Méditerranée et l'Archipel ne font qu'une ligne avec les îles échelonnées. La mer Noire communique avec l'Océan [1]. Le nom de *Francia* se lit au-dessus de *Gallia Belgica*. Le Nil a ses deux grandes sources très-éloignées. Les Iles-Britanniques et les autres jusqu'à Thulé, sont disposées dans la bande circulaire de l'Océan. Beaucoup d'autres singularités seraient à remarquer [2], mais ce n'est pas le lieu de décrire ici en détail ces sortes de planisphères dont il sera question plus tard. Nous avons seulement voulu donner ici par anticipation une idée d'une des formes admises dans le principe pour la carte générale du globe. Trois ou quatre formes encore ont été imaginées par les premiers cartographes, les unes circulaires, les autres quadrangulaires, comme on le verra ailleurs, sans compter les planisphères des Arabes, tels que ceux d'Ebn-el-Ouardi, Ebn-Hautral, Abou-Ishaq el-Istakhri ; quant à celui d'El-Edrici, il est d'un ordre tout différent, et n'a guère de commun avec nos mappemondes rudimentaires du moyen âge que la forme circulaire et la ceinture qui l'entoure. Ainsi que je l'ai dit, ces mappemondes primitives sont d'une époque très-ancienne ; elles ne nous font été conservées que dans des copies récentes, et il ne aut pas s'en étonner, puisqu'il en est de même des cartes bien postérieures, telles que les cartes de Ptolémée (faites aux XVe et XVIe siècles), si supérieures pour le degré d'avancement.

Quant aux cartes des Grecs, dont l'existence historiquement est incontestable, elles ont péri sans exception, avec celles de l'École d'Alexandrie et peut-être celles de plusieurs nations de l'Orient.

1. Voir la planche 59 de notre Atlas des Monuments de la géographie. J.
2. Nous avons aussi décrit cette carte dans le même *Bulletin*. — E. C.

§ III. — Suite de l'aperçu historique des cartes. — Les diverses époques : les anciens.

On peut ranger les époques de la géographie d'après les cartes géographiques à peu près ainsi qu'il suit, en omettant les anciens peuples orientaux qui ont précédé les Grecs.

1° Du VIe siècle avant Jésus-Christ à la fin du Ier siècle : les premiers géographes grecs de l'École d'Alexandrie.

2° Au Ier siècle de Jésus-Christ : les Romains (carte d'Agrippa, etc.).

3° Aux IIe et IIIe siècles : les Grecs de la 2e époque (Ptolémée et ses prédécesseurs, tels que Marin de Tyr).

4° Du IVe au XIIIe siècle : le Bas-Empire et ensuite les Arabes.

5° Aux XIIIe et XIVe siècles : les Pisans, les Génois, les Vénitiens, les Amalfitains, les Normands.

6° Au XVe siècle : les Portugais, les Catalans, les Espagnols, les Anglais.

7° Au XVIe siècle : les Allemands, les Français, encore les Anglais (réforme de la géographie).

8° Au XVIIe siècle : les modernes depuis la réforme.

Aucune de ces époques n'est indépendante de celles qui l'ont précédée. Il est probable de plus qu'à l'époque des Arabes, ces peuples n'ont pas uniquement puisé aux sources grecques et qu'ils ont mis à contribution des sources antérieures et plus étendues, dont une partie fut connue de l'École d'Alexandrie. Ce fait résulte de la comparaison des géographes et des cartes arabes aux géographes et à la géographie des Grecs. C'est encore ainsi que l'atlas dit la Carte catalane, ouvrage du XIVe siècle, renferme des détails étrangers aux notions que Marco Polo recueillait et répandait au XIIIe siècle.

1. Les Égyptiens.

Nous n'admettons pas avec l'historien de l'École d'Alexandrie que les Égyptiens soient restés étrangers à la géographie et à l'art de faire des cartes [1]. Le poëme des *Argonautes*, cité plus d'une fois, nous révèle que les Égyptiens tenaient de leurs ancêtres des *tables gravées* [2], où étaient marqués, à l'usage des voyageurs, les chemins de la Terre, avec les limites des mers et des continents ; et dans le commentaire sur le poëme de l'Univers par Denys le Périégète, Eustathe nous apprend que Sésostris donna aux Égyptiens des tables où étaient représentés ses voyages [3]. Enfin l'on ne doit pas oublier que ce peuple avait mesuré la surface du pays avec précision, jusqu'à une coudée près : c'est Strabon qui l'affirme. Le même Strabon nous apprend que le musée d'Alexandrie renfermait des traités provenant des anciens Égyptiens (liv. II, chap. 69). Or, qu'il y eût, parmi ces ouvrages, des livres de géométrie, d'astronomie, de géographie, c'est ce dont il n'est guère possible de douter, après qu'on a lu Jamblique, Porphyre, Proclus et Clément d'Alexandrie ; et l'on a pu les interpréter, puisque la fondation du Collége des interprètes à l'usage des deux nations remontait à Psammétique (de 656 à 617 ans av. J.-C.) [4].

Il est assez difficile de se faire une idée juste des *tables* des Égyptiens. Avaient-ils autre chose que la carte du voyage de Sésostris et la carte de l'Égypte? On ne peut guère douter qu'il en fût ainsi, si l'on accepte le témoignage d'Apollonius ;

1. Voy. *Mém. sur le système métrique des Égyptiens*, in-fol. 1817. J.

2. Τραπτῦς.... κύρβεις, tables de bois gravées (Apoll., Arg., l. IV, v, 272). J.

3. Τῆς τῶν πινάκων ἀναγράφης.., ἐξίωσε (Eustath. in Dion. Perieg.). J.

4. La découverte récente faite par M. Mariette, dans les ruines de Thèbes, d'inscriptions géographiques et de types ethnographiques représentant les conquêtes des Egyptiens dans les régions les plus orientales de l'Afrique et dans l'ouest de l'Asie, au XVIIe siècle avant J.-C., montre les progrès très-anciens de ce peuple dans la géographie. E. C.

mais le globe entier, ou plutôt la Terre, comment était-elle peinte ou gravée sur ces tables ? Y avait-elle aussi la forme circulaire? Leurs géographes avaient-ils placé l'Égypte au point milieu de la Terre, comme ont fait depuis les Grecs [1], les Latins, les Arabes, les Chinois et d'autres peuples, en prenant pour le centre du monde le pays qu'ils habitaient ? Il serait difficile de répondre à ces diverses questions.

2. Les Grecs.

Les Grecs, à une époque reculée, c'est-à-dire au temps d'Homère et d'Hésiode, représentaient aussi le monde enfermé dans un cercle et entouré par l'Océan sous la forme d'une ceinture et d'un anneau. Anaximandre de Milet, le maître de Thalès, 610 ans avant Jésus-Christ, continua de tracer la surface terrestre dans une figure circulaire; mais, comme il construisit aussi une sphère terrestre [2], il s'ensuit, 1° qu'il regardait, ainsi qu'ont fait depuis les Arabes, toute la moitié inférieure du globe comme occupée par les eaux, et 2° qu'il s'était fait un système pour dessiner plus ou moins exactement, sur un plan circulaire, les traits géographiques de l'hémisphère supérieur. L'on croit qu'Ératosthène, le premier, developpa la Terre habitée sur un plan rectangulaire, dans la proportion de 3 à 7 pour les côtés : le petit côté du sud au nord, le grand de l'est à l'ouest [3]. Il avait tracé sept

1. Homère plaçait la coupole du monde, 'ομφαλός θαλάσσης, à l'île d'Ogygie (Odyssée, I, 60). — J.

2. Diog. Laert., II, 2; Pline, VII, 57. — La figure des éclipses avait révélé à Thalès la sphéricité de la Terre. Il parait qu'à une époque très-ancienne on a exécuté un globe de dix pieds de diamètre. — J.

3. M. Wilberg, professeur au gymnase royal d'Essen, après Gossellin et d'autres savants, a exposé le plan de la carte générale d'Ératosthène dans un mémoire intéressant, où il compare cette carte à celle de Ptolémée et où il recherche la théorie de la projection du réseau des deux mappemondes. (*Das Netz der allgemeinen Karten des Eratosthenes und Ptolemæus*, etc. Essen, in-4°, 1834). On ne trouve rien, dans cette savante dissertation, sur la nature des cartes antiques. — J.

parallèles et quinze méridiens, renfermant six bandes parallèles à l'équateur et quatorze parallèles à un méridien central (ou initial). Enthymène de Marseille, auteur d'une description des contrées lointaines, en avait peut-être tracé une carte.

Dicéarque, auteur d'une géographie savante de la Grèce, avait construit des cartes géographiques pour son ouvrage ; il avait trouvé le moyen de mesurer la hauteur des montagnes. Artémidore avait fait la description de la Paphlagonie et des mers de Bithynie ; on ne dit pas s'il l'avait accompagnée de cartes. Scymnus de Chios, vers le même temps, avait décrit une partie de l'Europe ; Scylax, les côtes de la Méditerranée ; Denys de Byzance, le Bosphore de Thrace ; Arrien, la mer Rouge et le Pont-Euxin. Le grand pas que fit la géographie fut la découverte d'Hipparque, qui détermina la situation des lieux par la latitude, c'est-à-dire par l'élévation du pôle ou de l'horizon. Agatharchides, Agathémère, Denys le Périégète, Marcien d'Héraclée, qui fit un Périple universel, et plusieurs autres géographes, dessinèrent sans doute des cartes pour l'intelligence de leurs descriptions, sans parler des chefs des expéditions militaires et des voyageurs. Ces tables étaient peintes sur bois ou gravées sur métal. On en voyait qui étaient exposées à tous les yeux au portique d'Athènes. Ces cartes devaient être considérées comme des objets assez précieux, puisqu'on voit Théophraste, dans son testament, faire un legs spécial de *Tables* géographiques [1]. Une *Table* en bronze est citée par Hérodote comme ayant été apportée à Sparte par Aristagoras [2]. Quelle était cette carte à laquelle Alcibiade reprochait de ne pas retracer son domaine ? Une carte topographique sans doute.

On doit regretter qu'un savant comme Aristote [3], un

1. Diogenes Laert., V, 51.
2. Hérod., liv. V, ch. XLII.
3. On sait qu'il avait fixé la circonférence du globe à 400 mille stades (*Du Ciel*, liv. II, ch. 14). — J.

historien comme Polybe, un écrivain comme Athénée, n'aient pas disserté ou écrit sur les cartes des Grecs, qu'ils devaient bien connaître : il faut surtout déplorer la perte des cartes qui furent tracées pour les marches d'Alexandre, ou au retour de la navigation d'Hannon le Carthaginois, ou après les expéditions de Néarque, de Timosthène et de tant d'autres. Il n'est sans doute pas un seul des savants de l'École d'Alexandrie, un seul des géographes grecs, qui n'ait dessiné lui-même ou au moins possédé quelque carte générale ou particulière, et pas un de ces curieux dessins n'est parvenu jusqu'à nous. Plutarque, Pausanias, ne parlent qu'en passant des tables géographiques des Grecs; Strabon lui-même, dans sa magnifique composition, n'en donne pas à beaucoup près une idée suffisante, jugeant apparemment ce soin superflu, et persuadé que les cartes des Grecs vivraient autant que sa description de la Terre. Il faut descendre au second siècle de notre ère et arriver à Ptolémée pour trouver enfin quelque représentation graphique du globe, d'après les anciens.

3. Ptolémée.

Ptolémée avait travaillé d'après Marin de Tyr et sans doute d'après une foule de géographes des écoles grecques et de l'École d'Alexandrie. Son ouvrage peut être regardé comme un résumé, un extrait de tout ce qui était connu avant lui : malheureusement il a fait perdre presque tous les autres auteurs, comme il arrive lors de toutes les grandes compilations. Ainsi, quelque riche que soit le trésor d'érudition que Pline nous a transmis, jamais il ne consolera de la perte des immenses matériaux qu'il a compulsés et abrégés ; ç'a été une fatalité attachée aux travaux des compilateurs, de faire disparaître les originaux [1]. Si l'on

1. Peut-être un jour nos encyclopédies (malgré la découverte de l'imprimerie) contribueront-elles à la perte des compositions originales. — J.

avait aujourd'hui, entre autres antiques tables géographiques, les cartes des navigations des Tyriens, des Phéniciens, des Carthaginois, si l'on possédait les cartes originales de Marin de Tyr, si l'on pouvait les comparer aux cartes attribuées à Agathodæmon, qui peut dire qu'on les trouverait d'accord entre elles? Que d'erreurs, peut-être, dont celles-ci fourmillent, disparaîtraient aussitôt! Que de lumières on pourrait y acquérir, non-seulement sur le progrès et la marche des notions géographiques, mais sur les idées cosmographiques des anciens, sur leur manière de concevoir la distribution des continents, sur leurs procédés graphiques! Peut-être y trouverait-on l'indice d'une ancienne détermination des lieux par la hauteur du pôle, bien avant Hipparque! Les entreprises faites ou tentées pour accomplir le tour de l'Afrique, celle d'Hannon pour explorer les côtes de l'Océan occidental, les excursions hardies des Phéniciens jusqu'aux confins des mers du nord, ne peuvent s'expliquer que par un certain avancement dans la connaissance du globe, et, même dans le tracé, dans la construction des cartes; un motif de plus pour le croire est l'ignorance même où l'on était de la propriété de l'aiguille aimantée.

Au reste, on ne sait pas bien à quelle école appartiennent les matériaux que Ptolémée a mis en œuvre, il ne s'explique point sur leurs sources. La source grecque n'est pas la seule à laquelle il ait puisé, puisque Marin de Tyr est si souvent cité dans ses prolégomènes. Bien plus : les manuscrits de Ptolémée accompagnés de cartes sont presque tous du XIVe siècle, quelques-uns du XIIIe. Savons-nous si les dessinateurs qui ont tracé ces cartes avaient un modèle? Ce type, s'il a existé, qu'est-il devenu? Ou bien, ces hommes des XIIIe et XIVe siècles n'ont-ils pas créé eux-mêmes les cartes des manuscrits en les construisant tout simplement d'après les latitudes et les longitudes des tables de Ptolémée? En attribuant l'original de ces cartes à l'ingénieur alexandrin Agathodæmon [1], on ne diminue pas la difficulté, puisque les ouvrages du ve siècle ont péri, aussi bien que ceux du second et des suivants. Il est difficile d'admettre que les copistes des manuscrits les plus anciens de Ptolémée n'aient eu qu'à copier servilement d'antiques originaux, dessinés avec le même soin et dans le même genre de travail pour l'expression des montagnes et des autres traits géographiques, mers, lacs, rivières, forêts, etc., sans parler des couleurs trop fugitives pour se conserver bien longtemps. Toutes ces questions sont restées entières et sans être éclaircies, malgré les efforts des plus savants hommes : Fabricius [2], Bertius [3]. Schlicht [4], Raidel [5], Scheyb [6], Heeren [7], Mannert [8], Uckert [9], Delambre [10] et, plus récemment, Wilberg [11], Kramer [12] et beaucoup d'autres érudits. D'un autre côté, il y a de notables différences entre le texte de Ptolémée et les cartes que nous connaissons : cette circonstance n'a pas encore été expliquée, et à peine a-t-elle été exposée.

1. On soupçonne seulement que c'est le même que le grammairien de ce nom (Vossius, *de Phil.*, c. 2). — J.

2. *Bibl. græc.*, vol. V., éd. Harles, p. 271; *Bibliograph. antiquar.*, IV, c. v.

3. *Theatrum veteris geographiæ.*

4. *De tabulis geogr. antiquioribus.* Berol., 1712.

5. *Commentatio critico-litteraria de Cl. Ptolomæi Geographia*, in-4°, Nuremberg, 1777.

6 *Dissertatio de Tabula Peutingeriana*, in-fol., Vienne, 1753.

7. *De la politique et du commerce des peuples de l'antiquité*; app. au tome III, Paris, 1831.

8. *Geogr. der Griechen und Rœmer aus ihrenschriften dargestellt*, in-8°, Nuremberg, 1788.

9. *Geogr. der Griechen und Rœmer, von den frühesten Zeiten bis auf Ptolemæus*, in-8°., Weimar, 1816, t. I, part. II.

10. *Histoire de l'astronomie ancienne.* — *Biographie universelle.*

11. *Das Netz der allgemeinen Karten des Eratosthenes und Ptolemæus*, in-4°. Essen, 1834.

12. *Jahrbuch für wissenschaft. Kritik*, janv. 1839.

Nous voyons par le premier livre de Ptolémée quels étaient les instruments des observations, l'emploi que l'on en faisait [1]; mais nous n'y trouvons pas la description des cartes qu'il avait construites, et par conséquent la véritable origine des cartes actuelles nous échappe. On ne saurait élever de doute, toutefois, sur l'existence ni sur l'utilité des cartes que Ptolémée avait dessinées; et l'on juge du soin qu'il y avait mis par l'importance qu'il attache à leur construction. Il imagina de remplacer par des arcs de cercle les lignes du réseau d'Ératosthène, et il donna la loi de cette projection circulaire. Au moyen de ce nouveau réseau, représentant de véritables cercles de latitude ou de ongitude, il n'y avait plus qu'à y marquer les lieux de la Terre d'après la règle d'Hipparque. Mais on doit se demander avant tout quelles sont les bases de longitude de Ptolémée. Pour faire usage de sa carte, il faut, en effet, se faire une idée des moyens et des procédés à l'aide desquels on les avait déterminées. On ne peut douter que Ptolémée n'en ait obtenu le plus grand nombre en convertissant les mesures itinéraires en portions du degré terrestre. A la vérité, son texte ferait supposer que ses tables de longitude reposent sur des observations célestes réelles [2]; mais je pense que cela ne regarde que les points de premier ordre, tels que Rhodes et Alexandrie.

S'il est vrai que la Géographie de Ptolémée et ses cartes sont ce qu'il y a de plus important et de plus positif sur la géographie ancienne, on jugera peut-être que quelques mots sur les manuscrits et sur les éditions de ce grand ouvrage ne seront pas déplacés ici; d'ailleurs, la suite de ces éditions, comme on va le voir, présente une sorte d'histoire des découvertes à partir du milieu du XVe siècle; enfin, cet

1. *Claudii Ptolemæi Geographiæ libri octo.* Fasciculus I, in-f°., Essen, 1838.

2.... Κατὰ μῆκος καὶ κατὰ πλάτος πρὸς τοὺς τῶν ἐν αὐταῖς φαινομένων ἐπιλογισμούς.

examen doit aider aussi à faire l'historique de la gravure des cartes : Ptolémée a été longtemps toute la géographie à lui seul.

Le nombre des manuscrits de Ptolémée répandus dans les bibliothèques de l'Europe est assez considérable. Il en existe à Paris, à Londres, à Vienne, à Pétersbourg, à Rome, en plusieurs villes de l'Italie et de l'Allemagne. Nous en citerons seulement quelques-uns.

En l'an 1410, Jacques Angelo (Jacobus Angelus de Scarparia), ayant fait la première version latine de la Géographie de Ptolémée, la dédia au pape Alexandre V. Vers le milieu du XVe siècle, Nicolas Donis (ou Donnis), bénédictin de Reichenbach, revit cette traduction, et il l'offrit au duc d'Este en 1468. Il revit également les cartes, et il ajouta cinq cartes modernes. Trois ans après, il offrit son ouvrage au pape Paul II. On a prétendu qu'il fut le premier à graduer les cartes. Il est vrai que les cartes antérieures, celles des Arabes et celles du moyen âge, présentent seulement des échelles et des rumbs de vent ; mais on ne voit pas pourquoi, dans les cartes primitives de Ptolémée, la graduation n'aurait pas été exprimée, puisque c'était la base de toute la géographie de l'astronome alexandrin.

On regarde comme un des plus beaux manuscrits celui qui porte le numéro 1401 (Cabinet des manuscrits de la grande Bibliothèque de Paris), renfermant trente-sept cartes : il est de la fin XIVe siècle, c'est-à-dire des plus anciens [1]. Les numéros 1402, 1409 et 1410 sont aussi du XIVe siècle. La date du manuscrit numéro 337 (Coislin) flotte incertaine entre le XIVe et le XVe siècle. La traduction latine est de Jacques Angelo. Le numéro 4802 renferme cette traduction. Le Musée Britannique possède, entre autres, quatre

1. Un manuscrit de Ptolémée, beaucoup plus ancien, mais très-informe, est celui que M. Pierre Sévastianov a trouvé au monastère de Vatopédi, au mont Athos, et qui paraît être du XIIe ou du XIIIe siècle. M. Firmin Didot en a fait faire la reproduction photolithographique en 1867. E. C.

exemplaires du XVe siècle. Le plus ancien (Burney, III) est du commencement de ce siècle et renferme 65 cartes bien coloriées; un autre (Harleian, 7182) se distingue par de très-belles cartes; le plus récent est du milieu du XVe siècle et ne renferme que 18 cartes assez grossières; la traduction date de l'an 1409. A Saint-Pétersbourg, à la Bibliothèque de l'état-major impérial, il y a un exemplaire curieux (n° 26843, tabl. 53) avec la signature *Jacobus Angelus*, la dédicace à Alexandre V et le portrait du pape; la date est de 1409-10; les cartes sont coloriées; un savant de l'Académie impériale l'a regardé comme l'original [1] de la prétendue édition de 1462.

C'est en 1475 que parut à Vicence la première édition de Ptolémée, c'est-à-dire la version de Jacobus Angelus, sans aucune espèce de carte. On sait que c'est par erreur qu'une certaine édition de Bologne porte le chiffre M.CCCC.LXII, *mensis junii* XXII; — Woltersdorf [2] change en XX les deux unités [3]. Elle renferme vingt-six cartes, la gravure en est d'un travail particulier qui diffère de celui des cartes de la Géographie de Berlinghieri et de toutes les autres cartes. La première édition avec cartes est donc celle qui parut à Rome l'an 1478; elle parut avec vingt-sept cartes, gravées sur cuivre par Arnold Buckinck. Ce qui fait supposer d'abord que c'est la première fois qu'on gravait des cartes sur cuivre, c'est que le titre porte: *tabulis æneis impressit;* mais, d'une part, l'exécution en est plus parfaite qu'on ne pourrait l'obtenir d'un essai: d'un autre côté, l'on possède des gravures sur cuivre de l'an 1460. Ces cartes sont ainsi distribuées: la Mappemonde; l'Europe, 10 cartes;

1. Dissertation de M. Ed. de Muralt; il regarde cette traduction de J. Angelo comme étant celle des éditions qui ont précédé l'an 1525, époque de l'édition de Strasbourg par Pirckheimer, suivie dans les éditions suivantes. — J.

2 Woltersdorf, *Repert. der Land-und Seekarten*, in-8°, Vienne, 1813.— J.

3. D'autres ont substitué 1472 et 1492. — J.

l'Afrique, 4; l'Asie, 12. Les mêmes planches servirent à plusieurs autres éditions, entre autres à celle de Rome, 1490. M. Walckenaer présume que c'est le manuscrit de notre Bibliothèque royale n° 1401 qui a servi à la gravure de ces cartes. Des éditions postérieures à 1478, celles de Léonard Holl (Hol), Ulm, 1482 et 1486, ont des cartes gravées sur bois, et la dernière a aussi des cartes typographiques [1]. L'édition de 1507, de Rome, a 42 cartes, et celle de 1508 est célèbre par l'addition de la mappemonde de Ruysch, parce que c'est la première carte qui offre les terres récemment découvertes du nouveau continent; après le frontispice, on trouve le privilége du pape Jules II et ces mots : Anno MDVIII, Rome; sur le titre : *A plurimis viris utriusque linguæ doctissimis emendatum.* Nous reviendrons sur cette édition à propos de la carte de Juan de la Cosa [2]. Cette édition de 1508 a 34 cartes. Plus de trente autres éditions de la Géographie de Ptolémée ont été imprimées en France, en Italie, en Allemagne; on en trouvera la liste à peu près complète dans le *Repertorium* de Woltersdorf.

On voit le nombre des cartes augmenter dans les éditions de Ptolémée avec l'extension des découvertes; c'est toujours dans cet ouvrage que les nouvelles cartes trouvent place, et c'est là qu'il faut les chercher. Ainsi, dès l'an 1513, l'édition de Strasbourg présente déjà 47 cartes, au lieu de 27; celle de Vienne, 1541, avec la nouvelle traduction de Pirckeymer, en renferme 50; plusieurs cartes qui seraient peut-être perdues ont été conservées par cette cause. De savants hommes, en France, en Italie, en Allemagne, etc.,

1. Cl. Ptolemæi, *Cosmographiæ lib. VIII, opus Doni Nicolai Germani, a Leonardo Hol* mccccLxxxii *impressum Ulme;* 32 cartes : mappemonde, 1; Europe, 14; Afrique, 4; Asie, 13. — J.

On les croit gravées d'après le ms. n° 4802 de la grande Bibliothèque de Paris. — J.

2. Voyez la carte de Juan de la Cosa dans les Monuments de la Géographie. — J.

tels que J. Manfredi, Ph. Beroald et autres, se sont attachés à revoir les tables de Ptolémée et les cartes, à faire disparaître les fautes d'impression, comme à ajouter des cartes nouvelles au fur et à mesure des progrès des connaissances. Il n'est donc pas indifférent, pour étudier la marche de la géographie, de distinguer soigneusement les éditions de ce grand ouvrage.

L'étude des nombreuses éditions de la Géographie de Ptolémée[1] révèle plusieurs circonstances curieuses pour l'histoire des lettres et même l'histoire générale; mais elles sont étrangères à l'objet de cet écrit. La version latine de Jacobus Angelus faite pour Alexandre V et revue par Donis pour le duc d'Este et Paul II, a été suivie jusqu'en 1541, où Pirckeymer donna la sienne; la plus estimée de toutes pour la correction est celle de Bertius, qui l'a accompagnée de l'Itinéraire d'Antonin, de la Notice de l'Empire, de la Table de Peutinger, etc. Depuis cette époque jusqu'au siècle présent, l'on n'en a pas donné d'autre. L'abbé Halma a commencé cette œuvre en 1828, mais il ne l'a pas achevée. Enfin, en 1837, M. Wilberg, professeur au gymnase royal d'Essen, depuis associé à M. Grasshof, a entrepris de donner une édition toute nouvelle avec le texte revu sur manuscrits, entre autres sur le plus beau (Bibliothèque nationale de Paris, n° 1401), qui est du XIVe siècle.

Comme les rumbs et les figures des vents sont indiqués sur les cartes de Ptolémée, il n'est pas hors de propos, en terminant ce qui regarde les géographes grecs (ou de l'école grecque), de dire quelque chose de l'ancienne rose des vents. L'opinion reçue est qu'avant Homère on ne distinguait que les vents soufflant des quatre points cardinaux. On les nommait Boreas (nord), Euros (est), Notos (sud), et Zephyros (ouest). L'est s'appelait encore Apeliotes, et

1. Il est assez singulier qu'il n'ait paru que la version latine depuis 1475 jusqu'à 1533; c'est alors que parut la première édition du texte grec. — J.

l'ouest Argestes. Homère en distingue huit; les noms des quatre vents intermédiaires se formaient des deux vents *cardinaux* contigus : Aristote ne fait encore mention que de huit vents; mais il donne au nord le nom d'Aparctias; le nom de Cæcias au levant d'été ; le nom d'Euros au levant d'hiver; le nom de Libs au couchant d'hiver, et le nom d'Argestes au couchant d'été. Plus tard, douze vents figurent dans les descriptions géographiques [1]. Les vents des quatre points cardinaux et ceux du levant et du couchant d'été et d'hiver conservent les mêmes noms; mais, entre ces quatre derniers points et les points cardinaux, figurent quatre noms, dont l'un, Boreas, prend une acception nouvelle, autre que dans Homère et ses contemporains [2]. Comme le levant et le couchant d'hiver et d'été sont des points variables suivant la situation géographique, on ne peut déterminer exactement les directions qu'ils représentent, et par conséquent celle des quatre autres lignes intermédiaires. C'est donc arbitrairement, selon nous, qu'on a placé les rayons de ces douze vents à 30 degrés l'un de l'autre. Il n'y a de certitude que pour les quatre points cardinaux; on peut admettre aussi que, pour Aristote, les directions Cæcias, Euros, Libs et Argestes correspondaient exactement au levant et au couchant d'hiver et d'été pour la situation d'Athènes.

§ IV. — Les Romains.

Nous voyons l'usage des cartes géographiques en vigueur chez les Romains bien avant l'établissement de l'empire : c'est ce qui résulte de plusieurs passages de Cicéron, de

1. Gosselin, *Rech. sur la Géog. syst. et posit. des anciens*, t. IV, p. 401.
2. Il est plus à l'est. — E. C.

Sénèque, etc.; ces auteurs parlent de cartes générales et de cartes topographiques ou particulières. Avant Jules César, les routes militaires [1] avaient été divisées par étapes, garnies de bornes milliaires, et par conséquent elles avaient été mesurées. Les relais de poste furent fixés en conséquence [2]. Toutes ces lignes de route étaient tracées sur des rouleaux de parchemin servant aux hommes de guerre et à l'administration. La carte du globe fut peinte à Rome sous un portique et celle de l'Italie sur le temple de Tellus. La carte d'Agrippa est célèbre entre toutes : on croit que cette carte ressemblait à celle d'Eratosthène pour le système de projection, c'est-à-dire était tracée sur un réseau formé d'un certain nombre de carreaux rectangulaires [3]. Sous Domitien, on traça une carte de l'empire romain. Pline devait évidemment posséder des cartes générales et spéciales pour se reconnaître dans l'immense nomenclature géographique qu'il a donnée. Il serait impossible d'expliquer sans ce secours son immense compilation. On peut en dire autant de Solin, son abréviateur, de l'Espagnol Pomponius Méla [4] et des autres anciens géographes latins. L'Itinéraire d'Antonin n'est probablement qu'une liste tirée d'une carte d'Agrippa, complétée sous Antonin et depuis, et sur laquelle toutes les distances étaient marquées, comme nous le voyons sur la carte dite Théodosienne, de manière qu'on pourrait dire qu'il nous manque la *carte* de l'Itinéraire d'Antonin et l'*itinéraire* de la carte Théodosienne.

1. Bergier, *Des grands chemins de l'empire.*

2. Voyez le mémoire de M. Naudet (lu à l'Académie des inscriptions et belles-lettres les 29 novembre 1844 et 14 février 1845, inséré dans le recueil des mémoires de cette Académie, t. XXIII, 2e partie, in-4° Paris, 1858, pp. 166 à 240 ; consultez p. 191 et suiv.). — J.

3. Lelewel, *Opuscules*, traduit du polonais en allemand, par Karl Neu, in-8°, Leipzig, 1836.

4. Les cartes jointes à la Géographie de P. Méla, par Apien, Bertius, etc., se rapportent à des époques plus récentes. — J.

Quoique l'itinéraire d'Antonin ait bien été rédigé d'abord au temps des empereurs de ce nom, l'on voit clairement qu'il a été remanié à plusieurs époques : celle de Valentinien, entre autres, s'y reconnaît sans peine. Mais ce n'est pas le lieu de disserter sur ce précieux reste de l'antiquité romaine, dont on fait un perpétuel usage pour la géographie ancienne et pour l'histoire de l'empire [1].

Les empereurs, au IIIe et au IVe siècle, firent tracer des cartes dans les villes des Gaules, notamment à Augustodunum (Autun), où elles étaient peintes sur les murs; malheureusement, il n'en reste absolument aucun vestige. La géographie était cultivée soigneusement dans cette ville, on l'y enseignait publiquement. La tradition est aujourd'hui muette sur ces cartes antiques, curieuses images dont le moindre débris serait précieux; la bibliothèque d'Autun, riche en très-anciens manuscrits, ne renferme rien qui s'y rapporte, si l'on consulte le catalogue publié par M. Libri [2].

Un ouvrage romain plus ancien, mais qu'on ne peut regarder comme géographique, c'est un plan architectural de Rome [3], ou plutôt une série de plans des monuments de

1. Notre grande Bibliothèque possède un magnifique exemplaire de l'Itinéraire d'Antonin (mss. latins, supp., n° 671, in-4°), de la bibliothèque Lamoignon; il est du XVe siècle (et non du XIIIe, comme on l'a inscrit sur le dos du livre); mais il a été copié sur un très-ancien manuscrit, peut-être du IVe ou du Ve siècle (suivant l'opinion de M. Guérard); c'est ce que porte à croire le style des figures, des attributs, etc., qui se rapportent aux bas-reliefs du temps, exemple la figure de Rome, f° 66. Ce volume contient la Cosmographie d'Ethicus, et Dicuil *De mensura orbis;* on y trouve aussi la Notice de l'Empire (fol. 72-146). Les couleurs sont magnifiques. En tête, un grand aigle dessiné (en noir) sur un fond d'or plane sur le globe; au-dessous on lit : S. P. Q. R. en grandes lettres d'or (sur un fond de pourpre). — J.

2. *Catalogue général des mss. des Bibl. publ. des départements*, t. I, in-4°. Paris, 1849.

3. C'est ce qu'on appelle *Ichnographia romana;* voir dans PIRANESI, *Antiquités romaines*, t. I, et dans l'édition nouvelle de NARDINI, *Roma antica*. — J.

Rome représentés linéairement sur le marbre. Tous ces fragments de marbres brisés et incomplets sont aujourd'hui conservés dans les salles du musée Capitolin.

Au IVe siècle, sous Théodose, ou plutôt au IIIe, sous Sévère [1], fut dressée la première copie de la table dite Théodosienne, et aussi table de Peutinger, du nom de celui qui devint le possesseur, au commencement du XVIe siècle, du manuscrit, aujourd'hui déposé à la Bibliothèque impériale de Vienne. C'est probablement la plus ancienne carte que l'on possède des temps reculés, bien que la copie actuelle paraisse être du XIIIe siècle (de l'an 1265). Il paraît, d'après les recherches les plus récentes, que l'original a été dessiné sous l'empereur Sévère (de l'an 193 à l'an 211); mais ce dessin actuel ne peut être regardé que comme une copie informe : c'est l'opinion de Mannert, comme du dernier éditeur de Ptolémée, M. Wilberg [2]. Toutefois, ce jugement ne doit pas porter sur la déformation qu'ont subie ici les continents et les mers ; elle a, au contraire, selon nous, été pratiquée à dessein par l'auteur primitif de la carte ; elle était destinée à être roulée facilement et à former un rouleau commode et portatif, pour l'usage des militaires et des officiers de l'empire. Je ferai voir que cet usage a été imité au moyen âge. On rapprochait toutes les lignes de route, à peu près parallèlement entre elles, d'où résultait nécessairement une direction commune pour les rivages des mers et pour les rivières; aujourd'hui encore on fait, pour la commodité des voyageurs, des cartes qui se réduisent aux simples lignes de route. Le dessinateur a peint, sur la copie de Vienne, l'image d'un empereur d'Allemagne, portant le sceptre, la couronne et le globe ; à

1. Fried. WILBERG, *Das Netz der allg. Karten*, etc.

2. Voir, pour ce qui concerne l'origine de cette carte, l'édition récente qu'en a donné M. Ernest Desjardins.

E. C.

Rome, il a représenté, selon Mannert, l'église Saint-Pierre; mais cette opinion n'est pas admissible.

L'Itinéraire de Bordeaux à Jérusalem est du IVe siècle. Il date du consulat de Dalmatius (ann. 333). Il a dû être extrait d'une carte dont il faut regretter la perte. Cet itinéraire renferme des renseignements curieux, qu'on ne trouverait point ailleurs, par exemple sur le degré d'importance des villes, et sur la direction des routes qu'on suivait à la fin du premier tiers du IVe siècle. Il en existe un manuscrit jugé du Xe siècle, qui est celui que Schott a édité.

On rapporte aussi généralement la composition de la Cosmographie d'Ethicus au IVe siècle [1]; mais ce traité, par son contenu, pourrait remonter à une époque plus reculée.

On y joint ordinairement le petit livre de Julius Honorius, dont la grande Bibliothèque de Paris possède plusieurs manuscrits, entre autres un précieux exemplaire en lettres onciales [2].

L'un et l'autre doivent avoir été rédigés d'après une carte générale de l'empire romain.

L'auteur à qui l'on doit l'ouvrage connu sous le nom de *Synecdème* ou Notice d'Hiéroclès, devait également avoir une carte sous les yeux; il en est encore de même de Priscien, de Festus Avienus, et surtout de Paul Orose, dont nous avons les écrits géographiques.

La Notice de l'Empire, *Notitia dignitatum utriusque imperii*, publiée par Pancirol, renferme une multitude de notions géographiques qu'on ne trouve pas dans d'autres ouvrages, et elle embrasse bien plus de pays que l'Itinéraire

1. Mém. de M. d'Avezac, *Ethicus et les ouvrages cosmographiques intitulés de ce nom.* — Dissertation de M. Ritschl sur la carte d'Agrippa.

2. Catalogues des manuscrits latins de la Bibliothèque (n° 4808 3°).

d'Antonin et les documents qui l'ont suivi : les petites cartes coloriées avec soin qu'on trouve dans les manuscrits, notamment dans les manuscrits de Lamoignon, déjà cités, donnent à croire qu'il y en a eu jadis de plus importantes annexées à l'ouvrage ; elles représentent partiellement le cours des fleuves, le Nil, l'Euphrate, le Tigre, le Danube, le Jourdain, avec les villes bâties sur leurs bords [1], les animaux du pays, etc. Ces petites cartes, peu exactes d'ailleurs, se rapportaient aux divers districts placés sous le commandement des officiers civils et militaires.

Citons aussi l'*Anonyme barbare*, appelé ainsi à cause de la barbarie du latin. L'ouvrage est du milieu du IVe siècle ; personne n'ignore qu'il a été publié par Godefroy sous ce titre : *Vetus orbis descriptio græci scriptoris sub Constantio et Constante.*

Le Dictionnaire géographique d'Étienne de Byzance ne doit pas être absolument passé sous silence ; comme l'ouvrage de Pline, il est puisé à un grand nombre de sources qui nous demeurent inconnues ; il est permis de croire qu'en écrivant cette multitude de descriptions ethniques, l'auteur avait une carte générale du globe sous les yeux, ainsi que des cartes particulières ; il est même presque impossible que ni lui, ni Pline, s'en soient passés. Les uns placent eet ouvrage au Ve siècle, les autres au VIe siècle [2]. On ne possède au reste que l'extrait de ce grand répertoire géographique tel que l'avait composé Étienne de Byzance.

Au VIe siècle, nous trouvons dans la *Topographia Christiana*, de Cosmas, la carte sur laquelle ont disserté Montfau-

1. Les cartes auxquelles il est fait allusion ici occupent dans les mss. Lamoignon (n° 671 du supplément latin, ou n° 9661 d'ordre général) le verso des feuillets 91, 93, 94, 99 et 101. — J.

2. LENGLET DUFRESNOY. (L'auteur florissait sous Anastase, dont le règne s'étend de 491 à 518 ; moyenne, 505). — J.

con [1] et, de nos jours, le Dr Vincent [2]; un manuscrit du IXe siècle se trouve à Rome, au Vatican; un autre du Xe siècle à Florence, à la Bibliothèque Laurentienne. Ces deux auteurs ont donné un dessin très-insuffisant; nous y voyons toutefois la Méditerranée, appelée *Romanus Sinus ;* le golfe Arabique, avec le Tigre et l'Euphrate, le Phison et le Géon, enfin un pays lointain, *Terra ultra Oceanum*. Cette carte n'est point à la hauteur des connaissances de l'époque, même en rétrogradant de quatre à cinq siècles.

Au VIIe siècle a été rédigée la cosmographie connue sous le nom de l'Anonyme de Ravenne, description géographique succincte, mais intéressante, qui suppose encore aux mains de l'auteur une carte assez avancée. Ce n'est point l'ouvrage, comme l'ont cru quelques-uns, de Gui de Ravenne : le traité de ce dernier s'est perdu. Celui de Dicuil, *De mensura orbis*, du même temps, publié pour la première fois par M. Walckenaer, et plus tard par M. Letronne, est plein d'intérêt : il renferme des faits importants sur l'Égypte et d'autres contrées. Il est difficile de croire que le moine irlandais n'ait pas eu des cartes en sa possession.

Il ne faut pas oublier un traité curieux d'Honorius d'Autun, auteur du XIIe siècle : nous aurons occasion d'y revenir à propos des îles océaniques. Les notions qu'on remarque dans ce traité confirment ce que nous avons dit de l'instruction géographique répandue dans l'École d'Autun, et, puisqu'il y avait des cartes sur les murs de cette ville savante, tout porte à croire qu'Honorius en avait composé pour son livre; s'il en est ainsi, elles sont les plus regrettables pour l'histoire de la géographie de cette époque.

Nous avons décrit plus haut la dernière division des

1. Montfaucon a publié l'ouvrage de Cosmas Indicopleustes en 1706, en grec et en latin (*Nova collectio patrum*, t. II, p. 168). — J.

2. *Periplus of the Erythrean sea*, etc.; l'appendice II, p. 50, et l'appendice IV, p. 80; et *The commerce and navigation of the ancients*. London, 1807, t. II, p. 536. — J.

rhumbs de vent sous les Grecs; celle des Romains n'en diffère aucunement, si ce n'est par les noms; ainsi les quatre points cardinaux, au lieu d'être appelés *Aparctias*, *Apeliotes*, etc., ont pour noms, chez les Romains, *Septentrio*, *Sub-Solanus*, *Auster* et *Favonius;* les points des quatre vents d'été et d'hiver, le point de couchant d'hiver et d'été, sont appelés respectivement, *Cæcias Vulturnus*, *Africus* et *Corus*. Les quatre vents intermédiaires, dans le même ordre, se nomment *Aquilo*, *Phœnicias*, *Libonotus*, *Circius*. Au commencement du moyen âge, la division en douze est restée la même[1], mais avec des dénominations différentes, sauf le mot *Septentrio*, qui est resté.

§ V. — Suite de l'aperçu historique : le moyen âge.

La perte presque entièrement complète des cartes de l'antiquité romaine et du Bas-Empire ne peut être compensée par aucun des traités que le temps nous a transmis; mais, puisqu'il n'y a guère d'espoir de les récupérer jamais, nous devons d'autant plus d'attention aux cartes du moyen âge. Il est probable, en effet, qu'elles ont dû retenir quelques reflets de celles qui les ont précédées, même des cartes des Grecs, double source à laquelle l'Europe a nécessairement puisé.

Pour ne rien omettre de ce qui intéresse l'histoire des cartes, il faut donc remonter au XIe siècle et même au Xe siècle de l'ère chrétienne; c'est alors que l'on rencontre ces mappemondes sommaires dont nous avons parlé, où la Terre, entourée d'eau de toutes parts, est divisée en trois parties par un diamètre et par un rayon perpendiculaire, lequel coupe en deux le demi-cercle inférieur, consacré, comme nous l'avons dit, à l'Europe et à l'Afrique; le supérieur est occupé tout entier par l'Asie. Cette figure est la

1. Voyez la mappemonde jointe à la Chronique de Saint-Denis, XIVe siècle (Bibliothèque Sainte-Geneviève). — J.

première qui ait reçu le nom de *Mappe-monde*, *Mappa mundi*.

L'étymologie du mot fait penser qu'on dessinait cette figure dans le principe sur une étoffe [1].

L'usage de représenter ainsi le globe terrestre a persévéré très-tard en Europe, jusqu'au XIIe et même au XIVe siècle, avec quelques modifications, c'est-à-dire que les différentes mers, au lieu d'être représentées par des bandes rectangulaires, étaient dessinées avec quelques mouvements de côtes; mais n'anticipons pas sur la description de ces différents planisphères, et rappelons, d'après le principe déjà posé, qu'au temps où l'on dessinait le globe d'une manière si imparfaite, les Orientaux et même certains géographes en Europe, plus instruits et plus judicieux, traçaient des figures infiniment plus régulières.

Il est probable qu'Honorius d'Autun, au XIIe siècle, auteur déjà cité, a possédé quelque quelque carte du globe, bien supérieure à la grossière mappemonde dont nous venons de parler. Il en est de même de l'auteur de l'*Imago mundi*, puisque l'existence des antipodes ne lui était pas tout à fait inconnue, pas plus que la sphéricité de la Terre. Avait-on puisé chez les auteurs arabes antérieurs à Edrici [2] la comparaison de l'univers à un œuf dont la Terre occupe le centre, comme le jaune de l'œuf en occupe le milieu? Il y a une grave différence entre l'idée des auteurs arabes, que tout l'hémisphère inférieur était occupés par les eaux de l'Océan, et l'idée des antipodes habitant cette même région inférieure. Quoi qu'il en soit, il a existé en France vers le VIIIe siècle, peut-être antérieurement, des cartes où étaient tracées toutes les terres connues. Ces cartes étaient sculptées sur des tables d'argent appartenant

1. Ducange traduit *mappa* par *mantile*, *sudarium*. Le mot nappe vient de *mappa*. — J.

2. On sait qu'Edrici cite un grand nombre d'écrivains qui l'ont précédé et d'après lesquels il a composé son ouvrage. — J.

Charlemagne [1]; on y voyait le plan de Rome et celui de Byzance; ces monuments, d'un prix inestimable et bien supérieur à celui du métal, ont péri sans retour. On possède du VIIIe siècle une très-ancienne carte qui est annexée à un exemplaire de l'Hormesta de Paul Orose, traduit en anglo-saxon au temps d'Alfred le Grand [2]. Il existe aussi à Cambridge d'autres manuscrits anglo-saxons accompagnés de cartes. On peut encore compter, parmi les plus anciennes cartes du moyen âge, deux cartes faisant partie du manuscrit d'un traité de saint Jérôme qui a appartenu à M. Alexis Monteil [3], et que je crois maintenant au Musée Britannique : on le dit du Xe siècle. Plusieurs parties rappellent la carte dite Théodosienne. Une de ces cartes représente la Terre Sainte et les pays contigus; Jérusalem occupe le milieu; l'autre carte représente la Grèce, l'Asie Mineure, la Perse, l'Inde, etc.

C'est au même temps qu'il faut rapporter la carte du manuscrit de l'Apocalypse, de la Bibliothèque royale de Turin, publiée, mais imparfaitement, par Pasini dans son catalogue : nous avons déjà dit que c'est une mappemonde circulaire de la forme primitive et la plus élémentaire. J'en ai rapporté, malgré son imperfection, une copie plus exacte, que j'ai fait graver.

La petite mappemonde quadrangulaire de l'ancienne Bibliothèque Cottonienne est encore du même temps : sa forme, sa construction et d'autres circonstances géographiques, la rendent digne d'attention. Nous aurons sujet d'y revenir, bien qu'elle ait déjà été commentée par William Playfair, qui, au reste, a tort de l'attribuer au Xe siècle;

1. EGINHARD, *Vita Karoli magni*, dans DUCHESNE, t. II, p. 106.

2. On dit même traduit par le roi Alfred : l'ouvrage doit être à Édimbourg. — J.

3. *S. Hieronymi libri de hebraicis quæstionibus, de interpretationibus nominum veteris ac Novi Testamenti (de nominibus locorum)*. L'ouvrage est cité dans le traité de M. Monteil : *des Matériaux manuscrits de divers genres d'histoire*. — J.

après la Palestine, qui occupe le centre et même *presque toute la largeur de la Terre*, les Iles-Britanniques sont le pays auquel le dessinateur a donné la plus grande proportion, jusqu'à l'exagération [1].

On connaît d'anciennes cartes scandinaves, telles qu'un plan de Jérusalem, et l'itinéraire de l'Islande à la Terre Sainte, du XIe ou du XIIe siècle. Cambridge possède une mappemonde du XIIe siècle, carte saxonne très-curieuse. Toutes ces cartes sont infiniment moins avancées que la grande carte que le géographe arabe du roi Roger, Edrici, traçait en Sicile, vers le milieu du XIIe siècle. La carte itinéraire de Londres à Jérusalem est du temps de Mathieu Pâris, c'est-à-dire du XIIIe siècle. Le savant Thomas Wright pense même qu'elle doit être de la main de cet historien, comme le reste du manuscrit. La carte itinéraire de Londres à Naples paraît être du même temps.

La Bibliothèque royale de Bruxelles possède un grand nombre de cartes des XIIIe et XIVe siècles, provenant de la célèbre Bibliothèque des ducs de Bourgogne; tout imparfaites qu'elles sont, elles méritent de figurer dans un catalogue général, sinon d'être reproduites [2].

La Bibliothèque Cottonienne a encore fourni au Musée Britannique deux cartes du XIIIe siècle, dont l'une est une esquisse de la Méditerranée insérée dans un manuscrit de Priscien (*De situ Terræ*); la carte est circulaire, les noms sont en lettres majuscules : l'autre, *Mappa Terræ habitabilis*, est jointe à l'histoire de Mathieu Pâris ; elle a été citée par Gough [3]. Cette mappemonde grossière porte le nom de Robert de Melkeleya, de Waltham.

Le XIIIe siècle s'est enrichi des mémorables décou-

1. Nous avons fait l'analyse de cette carte dans le *Bulletin* de la Société de géographie, au sujet de la carte du *Commentaire de l'Apocalypse* de Saint-Sever. E. C.

2. Voyez le catalogue des mss. de la Bibliothèque des ducs de Bourgogne.

3. *British Topography*, I, 66.

vertes du Vénitien Marco Polo; mais ce n'est que bien plus tard qu'on a mis à profit ses voyages pour l'amélioration des cartes; lui-même n'en a pas laissé. Celles qu'on a tracées pour y consigner ses voyages lui sont bien postérieures; par exemple, ce qu'on voit à Venise, au palais Ducal, représente les idées et les connaissances non pas du XIIe siècle, mais du XVe [1].

La Chronique de Stumpfen, des XIIe et XIIIe siècles, renferme une carte d'Europe [2] qui est gravée sur bois. C'est un des premiers exemples des cartes spéciales.

La plus importante carte de cette époque, par sa grande étendue et sa conservation, est celle qui est déposée dans la cathédrale de Hereford et qui est l'ouvrage d'un certain Haldingham. Comme elle fait partie de mon ouvrage, il est inutile d'insister à son sujet dans cette introduction. Citons encore seulement, pour cette époque, la mappemonde circulaire, très-imparfaite, jointe à la Chronique de Saint-Denis [3], où les lieux sont étrangement déplacés. Jérusalem occupe le centre.

Aux XIVe et XVe siècles, nous voyons augmenter le nombre des cartes, du moins de celles qui se sont conservées. La plus ancienne, peut-être, après les cartes de 1307 conservées à Florence, est celle de 1318, de P. Vesscont e, en forme d'atlas composé de neuf pièces, où l'on admire la finesse et même l'exactitude des détails géographiques pour une époque aussi reculée. Ensuite la mappemonde circulaire que Marino Sanuto (ou Sanudo) offrit au pape Jean XXII, en l'an 1321 ; elle a été gravée très-imparfaitement dans l'ou-

1. Dans la salle *dello Scudo;* elle a plus de 17 pieds sur 8. On sait que Marco Polo partit à dix-neuf ans, l'an 1269, avec son père et son oncle, négociants vénitiens, qui s'étaient rendus, en 1250, auprès du Grand Khan, le petit-fils de Genghis, dont la résidence était alors à Saraï. Sa relation n'a été écrite qu'en 1298 dans les prisons de Gênes. — Voir Zurla, sur Marco Polo, t. II. — J.

2. *Europa, das erst Tafel des ersten Buch.* — 1548.

3. MICHAUD, *Histoire des croisades*, V, 311.

vrage de Bongars : *Liber secretorum fidelium crucis super Terræ Sanctæ recuperatione*, ou *Gesta Dei per Francos* [1]. Dans une chronique universelle *usque ad annum MCCCXX*, conservée à la grande Bibliothèque de Paris, j'en ai découvert une copie d'un excellent travail et parfaitement nette. Or Bongars n'explique pas l'origine de la carte qu'il donne, et, d'un autre côté, l'auteur de la chronique ne dit pas que cette carte soit celle de Marino Sanuto : néanmoins, il ne peut exister aucun doute sur ce rapprochement. Il importait de posséder un nouvel exemplaire de la carte de Sanuto, et je l'ai fait graver. Elle est reproduite dans le présent ouvrage avec toutes ses légendes. La Terre y est enveloppée par l'Océan, comme dans les premières mappemondes, mais le cercle de la Terre n'y est pas divisé par des bandes ; les mers intérieures sont assez bien figurées ; les parties du monde n'ont pas pour limites des lignes droites ; les lieux y sont en plus grand nombre et moins déplacés. Cette mappe a de l'importance, malgré son infériorité comparative avec l'atlas de 1318.

On a une carte de Majorque de l'an 1323 et la carte de la *Laurenziana* qui porte la date de l'an 1351 ou peut-être seulement l'indication de cette date, mais qui est bien remarquable par un dessin de l'Afrique australe, premier exemple d'une forme exacte donnée au continent africain. Entre toutes, on distingue la grande et célèbre carte de Parme, signée des frères Pizigani l'an MCCCLXVII, carte dont le tracé est beaucoup plus avancé que celui de plusieurs cartes du XVe et même du XVIe siècle [2]. L'atlas catalan de 1375, de la grande Bibliothèque de Paris, fit très-probablement partie de la Bibliothèque de Charles V au Louvre [3]. Nous

1. *Gesta Dei per Francos*, t. II.

2. Elle a appartenu à Paciaudi, avant de faire partie de la Bibliothèque grand-ducale de Parme. — J.

3. C'est le sentiment de notre savant ami M. Paulin Pâris, comme celui de M. d'Avezac : j'ai toujours professé le même sentiment ; à l'appui de leur opinion, que la Bibliothèque du Louvre n'a pas été transportée en

citerons ici plusieurs cartes jointes à la chronique d'Arnolf de Hygden, conservées au Musée Britannique et dans notre grande Bibliothèque, et où la Terre est représentée sous la forme d'un ovale, mappemondes d'ailleurs presque informes; une carte curieuse provenant de la bibliothèque du baron Walckenaer et qui paraît se rapporter à l'année 1384; la carte du musée Borgia, commentée par le savant Heeren, et qui nous semble plutôt appartenir par sa construction au XIVe siècle qu'au XVe; les cartes jointes au traité de Buondelmonte, à Florence; plusieurs belles cartes de la Bibliothèque royale de Naples; des fragments joints au manuscrit du poëme géographique de Dati, poëme antérieur cependant [1]; une carte Pisane, la seule peut-être qu'on connaisse et dont s'est enrichie, il y a quelques années, notre collection géographique de la Bibliothèque; elle représente la mer Noire et la Méditerranée, et une partie de la côte N. O. de l'Afrique.

Il est impossible, dans ce coup d'œil général, d'énumérer les autres cartes du XIVe siècle dont j'ai eu connaissance, et il est probable que, l'attention étant maintenant éveillée sur ce sujet, il s'en découvrira d'autres.

C'est au XIVe siècle qu'il faut reporter le *portulan* [2] connu sous le nom d'*Uso di mare* ou *Usus maris* (bien que l'année 1455 y soit citée par suite d'une interpolation), et que nous regardons comme n'étant autre chose que le *relevé des légendes* d'une carte génoise très-ancienne. Cette copie

Angleterre, tout entière du moins, je citerai l'exemplaire de la Chronique de Saint-Denis conservé à la Bibliothèque Sainte-Geneviève, renfermant une petite mappemonde au-dessous de laquelle est la signature originale du roi Charles V (voyez notre Atlas). — J.

1. Poëme curieux, dont nous avons vu plusieurs exemplaires. Une planche a été consacrée à des fragments de cartes qui donnent un spécimen des idées cosmographiques du temps et de la manière de figurer les constellations. — J.

2. Ce nom de portulan convient plus spécialement aux routiers, aux descriptions des ports et échelles, qu'aux cartes nautiques elles-mêmes, auxquelles on applique souvent cette dénomination et, selon moi, improprement : il faut la réserver pour ces sortes de routiers et tableaux descriptifs des ports. — J.

ne peut suppléer aucunement à la carte elle-même, puisqu'elle ne nous fait connaître ni la distance des lieux, ni leurs positions réciproques; elle est précieuse cependant, parce qu'au milieu de traits fabuleux ou obscurs, elle renferme d'intéressants renseignements historiques. Il ne serait pas très-difficile, à son aide et avec le secours des cartes contemporaines qui ont survécu, de reconstruire la fameuse *Carta da navegar*. Au reste, ce n'est rien moins qu'un itinéraire, et c'est bien à tort, selon moi, qu'on a intitulé cette description *Itinerarium usus maris*.

Passant au XVe siècle, nous trouvons, pour cette époque, un grand nombre de cartes nautiques que l'on voit se perfectionner de jour en jour et s'enrichir des découvertes successives faites par les Génois, les Vénitiens, les Portugais et les autres peuples navigateurs. On possède à Naples des cartes de 1415, de 1417 et d'autres années du commencement du siècle [1], qui méritent d'être connues et publiées, d'autant plus que des cartes postérieures, plus célèbres, supposent des connaissances d'un degré moins avancé [2].

La carte d'Andrea Bianco de 1436, publiée plusieurs fois partiellement, mais imparfaitement, est une des plus curieuses, parce qu'elle renferme, dans la région de l'ouest, l'indication d'un nom de lieu, *Antillia*, devenu commun dans la suite à des îles très-différentes. Peu après, en 1439, paraît la carte catalane de Valsequa, dont nous devons la connaissance à M. Joseph Tastu, carte qui reproduit en

1. M. Jomard, en écrivant ceci, ne connaissait pas encore une magnifique carte manuscrite de 1413, qu'a acquise la Bibliothèque nationale, celle de Mecia de Viladestes, qui doit être citée comme une des plus remarquables du XVe siècle. Beaucoup d'autres cartes manuscrites du même genre qui enrichissent aujourd'hui la Section géographique de la Bibliothèque, n'ont pas été connues de M. Jomard. E. C.

2. Je cite souvent des exemples pareils, parce qu'ils montrent qu'on doit éviter une grave méprise, savoir, d'apprécier l'état des connaissances à une époque d'après une carte imparfaite, qui prouve seulement l'ignorance de son auteur. — J.

partie l'atlas catalan de 1375 [1]; elle est malheureusement incomplète, la copie du moins, pour la partie orientale. En 1456, nous remarquons la carte d'un certain Barthélemi de Pareto, Génois, où reparaît encore l'île Antillia, mais beaucoup agrandie, et, ce qu'il y a de plus curieux, avec une seconde grande terre encore plus loin dans l'ouest.

Cette époque, c'est-à-dire le milieu du xvᵉ siècle, est celle de la fameuse carte de Fra Mauro, carte colossale, si souvent citée. La date la plus récente qu'on a pu lui donner est l'année 1459. Ce monument magnifique de la science vénitienne, d'une admirable conservation après quatre siècles, et qu'il faut avoir vu pour s'en faire une idée juste et complète, est trop connu, surtout par l'ouvrage que lui a consacré le cardinal Zurla [2], pour qu'il ne suffise pas ici de le nommer. Personne n'ignore que la terre habitée y est encore figurée sous la forme d'un cercle entouré de toutes parts des eaux de l'Océan, ce qui entraîne, de toute nécessité, des déplacements assez considérables dans les lieux placés vers la circonférence; mais la richesse de la nomenclature, le fini et la beauté du dessin, tout l'ensemble de cette grande composition, rachète jusqu'à un certain point les défauts de la projection : nous dirons seulement que la date de 1459 qu'on lui assigne nous paraît trop récente.

La grande Bibliothèque de Paris possède une carte xylographique du xvᵉ siècle, peut-être des premiers temps de la gravure en bois, mais dont l'intérêt est indépendant de son ancienneté. Elle représente l'Allemagne et l'Europe occidentale avec exactitude et sur un plan régulier, c'est-à-dire que toutes les villes sont jointes par des lignes itinéraires, lignes ponctuées de telle sorte que l'intervalle entre deux points représente justement un mille; c'est une carte

1. Rapport fait à l'Académie des sciences et à l'Académie des inscriptions et belles-lettres, le 25 juillet 1839. —J.

2. Voyez *Il Mappamundo di Fra Mauro camaldolese descritto ed illustrato.*

de cette espèce d'où a été tiré, sans doute, l'Itinéraire d'Antonin. Je pense que l'on peut regarder cette curieuse carte allemande comme étant en quelque sorte la traduction et la reproduction d'une ancienne carte romaine [1].

Les années 1463 à 1473 sont marquées par les cartes de Gratiosus Benincasa, d'Ancône, l'un des plus laborieux cosmographes. Elles sont d'une grande netteté, et elles conduisent, sur la côte occidentale d'Afrique, jusqu'au cap Rouge (*cavo Rosso*), mais ne donnent rien à l'orient de la mer Noire; tandis que, dès 1367 et bien avant, nous voyons figurer la mer Caspienne sur les cartes, sans parler des cartes orientales bien antérieures. Les Benincasa (ou Beninchasa) ont dessiné leurs cartes à Venise, à Bologne et ailleurs. Quoique purement cartes nautiques, elles ont beaucoup de valeur par la pureté de l'exécution.

On possède, de l'an 1489, une carte du Musée Britannique, un atlas de trente-cinq cartes cité par Zurla, une carte de Venise par Cristoforo Seligo.

C'est trois ans plus tard, l'année même de la découverte de l'Amérique, que fut achevé à Nuremberg le globe de Martin Behaim, ouvrage que lui avait commandé le sénat de sa ville natale, comme à un navigateur célèbre et au cosmographe le plus savant de son temps. On sait que Behaim rencontra Christophe Colomb en Portugal. On ne peut guère douter que ces deux habiles navigateurs n'aient échangé entre eux les notions qu'ils avaient acquises dans leurs précédents voyages, l'un sur les mers d'Europe, l'autre sur les mers d'Afrique. Or, le globe de Martin Behaim fut achevé vers l'été de 1492 : on peut donc croire que Colomb, en partant, avait connaissance de tout ce qui figure sur ce globe, comme Behaim de ce que Colomb lui avait appris sur les mers du nord et sur la Méditerranée : c'est une con-

1. La date de cette pièce intéressante à beaucoup d'égards peut se rapporter approximativement à l'an 1460. — J.

jecture que nous essayerons d'appuyer plus tard de raisons concluantes, mais le moment n'est pas venu de traiter du globe de Martin Behaim, et de le comparer avec les autres monuments du temps.

Une année après, on imprimait au même lieu la Chronique de Nuremberg, où l'on trouve deux cartes *terrestres* gravées sur bois, assez remarquables pour l'époque. Il était rare alors de faire des cartes de cette espèce ; du moins, on en rencontre fort peu [1] ailleurs que dans les manuscrits ou les éditions de Ptolémée, éditions qui n'ont commencé à paraître avec des cartes qu'en 1478.

On peut remarquer ici que l'Allemagne était loin de rester étrangère au progrès des découvertes et au tracé des cartes géographiques. Nous venons de voir, vers 1460, une carte de l'Europe, œuvre toute germanique ; en 1492, dans une ville qui est presque au centre de l'Allemagne, on exécute un globe où sont résumées toutes les connaissances possédées en Allemagne ; et en 1443, la même ville produit deux cartes relatives au continent; ajoutons la carte de la Lorraine, autre carte allemande jointe à une ancienne édition de Ptolémée ; puis toutes les éditions de Ptolémée publiées à Ulm, à Argentoratum (Strasbourg), à Bâle, etc.; ajoutons enfin qu'un grand nombre de voyageurs allemands, dès les premiers temps de l'occupation de l'Amérique, se joignirent aux expéditions espagnoles; tels sont Nicolas Federmann, d'Ulm, Ulrich Schmidel, de Straubing, Hans Staden, de Homberg en Hesse, etc. Le lecteur nous pardonnera cette courte digression, qui nous semble expliquer très-bien ce goût héréditaire pour la géographie qui distingue la population germanique, les progrès qu'elle a faits dans cette science et dans toutes les branches qui s'y rapportent, enfin la profonde érudition géographique dont ont fait preuve à toutes les époques, et en-

1. Marino Sanuto avait produit une grande carte de Palestine en 1321. — J.

core aujourd'hui comme autrefois les[1], savants de l'Allemagne.

L'année 1497 est la date de l'œuvre d'un cosmographe d'Ancône nommé Fréduce ; imparfaite sur beaucoup de points, sa carte est intéressante pour l'histoire de la géographie de la mer Noire ; il est bien remarquable que la carte vénitienne du XIVe siècle et la carte de Petrus Vessconte de 1318 (antérieure de 179 ans !) sont plus exactes sur plusieurs points. Nous ne citons pas d'autres cartes du même temps qu'on trouve dans les bibliothèques d'Italie, et nous arrivons à la dernière année du XVe siècle, l'année 1500. Un jour peut-être cette époque sera regardée comme la plus marquante dans l'histoire de la géographie de l'Amérique, sous le rapport des cartes, parce que la carte du globe rédigée cette année présente l'image des découvertes de Christophe Colomb tracée à une époque très-voisine de ces jours mémorables. C'est la seule qui nous soit parvenue ; bien plus, elle est de la main même de Juan de la Cosa, celui qui fut le pilote de Colomb à son second voyage[2]. C'est ce qui nous a engagé à la donner dans notre publication en *fac-simile* absolument complet, avec l'agrément de son possesseur. Ce monument inappréciable, propriété de notre savant confrère le baron Walckenaer[3], comprend la plus grande partie du globe ; l'on doit croire que tout l'ancien continent y est figuré conformément aux cartes qu'on sait que Christophe Colomb emporta avec lui ; car Juan de la Cosa, qui fit plusieurs voyages de 1493 à 1500, n'aurait pas eu le loisir de rédiger une carte nouvelle exprimant

1. Citer nos contemporains Humboldt et Ritter suffirait presque à la démonstration. Quant à la Hollande, le voisinage de l'Allemagne et une certaine analogie du langage expliquent également l'impulsion qu'un Ortelius, un Cluvier, un Mercator ont donnée à la géographie. — J.

2. La carte est datée et signée comme il suit : *Juan de la Cosa la fizo en el puerto de Santa Maria, en año de* 1500. — J.

3. Elle est devenue depuis la propriété du gouvernement espagnol. E. C.

l'Asie, l'Afrique et l'Europe. Le hasard favorable qui nous a conservé la carte de Juan de la Cosa se produira-t-il pour d'autres cartes aussi authentiques, soit aussi anciennes, soit même antérieures à l'an 1500? Nous n'osons guère l'espérer : aussi, en telle incertitude, ce document unique doit-il être l'objet d'une étude suivie.

Avant de passer au XVIe siècle, citons encore, pour l'année 1410, une carte conservée à Brescia; pour 1413 et 1423, des mappemondes de Mecia de Vilade stes[1]; en 1417, une carte de la Bibliothèque Palatine à Florence; en 1422, la carte nautique vénitienne de Giacomo de Giroldis, qui a appartenu au savant Morelli; la carte de Becharius, commentée par M. Angelo Pezzana ; une carte fort curieuse de 1449, signée Hannibal de Madiis, de la Bibliothèque Ambrosienne à Milan, et représentant l'ancien Padouan, avec partie de l'État vénitien ; une carte italienne des pays entre le Bosphore et le Balkan, carte qui doit être de l'an 1453, et qui est construite sur le même système que la Table Théodosienne[2]; les cartes particulières de Ptolémée pour le poëme géographique de Berlinghieri, qu'on croit de l'an 1481, cartes gravées sur métal, et qui n'ont pas reparu dans les éditions subséquentes ; la carte jointe à l'édition de Pomponius Méla, Venise, 1482; la carte de l'Éthiopie de Paul Trévisan, de 1483; plusieurs autres cartes conservées dans les bibliothèques de Londres, de Bologne, de Wolfenbüttel, de Parme et de Venise, autres que celles que nous avons mentionnées; et enfin différentes cartes citées par le cardinal Zurla.

§ VI. — Suite de l'aperçu historique : le XVIe siècle avant la réforme de la géographie.

Le XVIe siècle, comme on doit le penser, offrirait un bien

1. Voir plus haut la note où nous parlons de la première de ces cartes, que M. Jomard ne connaissait encore que par ouï-dire. E. C.

2. Cette carte a fait l'objet d'un mémoire lu à l'Académie des inscriptions et belles-lettres le 24 novembre 1843. — J.

plus grand nombre encore de cartes à énumérer et à étudier ; mais il faut se borner à celles de la première moitié ou des deux premiers tiers du siècle, sauf certaines exceptions.

On voudrait pouvoir citer ici *de visu* les cartes qui ont servi pour le grand ouvrage d'Ortelius, ce principal réformateur de la géographie : ces cartes, les unes manuscrites, les autres imprimées, sont comprises entre les années 1528 et 1568 ; elles sont nombreuses, mais la plupart ont disparu : c'est un fait déplorable et qui a lieu de surprendre, mais en même temps instructif pour l'histoire de la géographie ; car si des pièces existant à une époque relativement récente, comme l'an 1570 [1], même des cartes imprimées, se sont perdues, comment s'étonner que les cartes antérieures ne se soient pas conservées ? Nous avons été assez heureux pour en découvrir plusieurs qui sont excessivement rares et qu'on aurait pu regarder comme perdues, ainsi que tant d'autres. Nous aurons occasion de revenir sur ces sources du *Theatrum orbis terrarum*, dont plusieurs se retrouvent aujourd'hui en diverses collections [2].

Les éditions successives de Ptolémée, ainsi que nous l'avons déjà fait observer, nous ont conservé plusieurs cartes fort anciennes ; c'était une sorte d'habitude qu'aux vingt-sept cartes primitives toutes faites sur le texte de l'ancien géographe, on joignît des cartes représentant les découvertes récentes, ou bien des cartes plus détaillées des pays connus. C'était là que les cosmographes et cartographes de l'époque déposaient les nouvelles cartes géographiques. Il suffit de citer en exemple la carte du Nouveau

1. Date de la première édition du *Theatrum orbis terrarum*. — J.

2. La Bibliothèque (Cabinet des cartes) en possède plusieurs, et notamment une grande carte, peut-être l'unique exemplaire (la rareté en fait une sorte de manuscrit) : c'est la mappemonde de Cabot, de 1544. — J.

Monde dans le Ptolémée de 1508 (la mappemonde de Jean Ruysch), et la carte presque topographique de la Lorraine dans le Ptolémée de 1513, avec ses détails de forêts et de montagnes. En dehors de ces cartes ajoutées par les éditeurs de Ptolémée pendant la première moitié du XVIe siècle (et dont nous aurons à signaler les plus importantes), il y en a un certain nombre jointes aux éditions de Pomponius Mela ; telles la mappemonde de 1520 par Pierre Apien (ou Apien l'ancien), annexée au Pomponius Mela de 1522, la mappemonde de Joachim Vadianus dans le Mela de 1534, où l'Amérique est appelée *Terre de Cuba*, et quelques autres. On avait fait déjà de semblables adjonctions dans les manuscrits ; c'est ainsi qu'une très-ancienne mappemonde dont nous avons déjà parlé a été ajoutée au texte de Pomponius Mela conservé à Reims.

Les cosmographes qui ont produit le plus de cartes sont le Génois Battista Agnese (et non Balnese, comme le nom a été écrit par corruption), les Vesconte, aussi de Gênes, les deux Apien (Pierre et Philippe), Allemands, Jean Martinès, de Messine, Oronce Finé, Français [1], Diogo Homem, Portugais, Jacques Gastoldo, Piémontais, Paolo Folrani, Véronais, etc. Remarquons occasionnellement que plusieurs de ces noms, et une infinité d'autres, sont absolument omis dans toutes les biographies [2], nouvel exemple (pour le dire en passant) de l'indifférence où l'on est resté chez nous si longtemps pour l'histoire de la géographie, triste reflet de

1. Ce n'est pas le seul ancien cosmographe ou pilote français; exemples : l'auteur de la Salade, Thevet, G. le Testu, Alphonse le Saintongeois, Olivier Teuchet, Nicolas de Nicolaï, P. Jolivet, Hamont, G. Postel, et, plus tard, J. de Vaulx le pilote : plusieurs sont inédits. — J.

2. Il faut excepter la *Biographie universelle* de Michaud, où notre confrère le baron Walckenaer a signalé un assez grand nombre de cosmographes et montré leur mérite. — J.

(M. Jomard ajouterait aujourd'hui la *Biographie générale* de Didot : cependant beaucoup de cosmographes et de cartographes sont encore omis dans ces deux estimables ouvrages. — E. C.)

celle qui frappait la science elle-même. Les Vénitiens Pizigani (Francesco et Domenico), du XIVe siècle, ont eu un successeur de leur nom dans le XVIe siècle ; nous avons trouvé une mappemonde qu'il a faite pour Philippe II.

On remarque à cette même époque, mais en Italie seulement, de grandes cartes murales, c'est-à-dire peintes à fresque sur les murailles, et représentant des contrées qui avaient de l'intérêt pour les habitants du lieu : cela se voit à Rome, au Vatican, et à Venise, dans les salles du palais Ducal.

Dans ce dernier endroit figurent les pays illustrés par la conquête et rappelés par de grandes peintures couvrant les murailles : la Morée, Chypre, Candie. Ce n'est pas cette fois l'art, c'est la science qui est appelée à exciter les souvenirs, à éveiller le sentiment de la gloire nationale : l'image même des pays conquis, leur étendue, les noms des rivières qu'on a traversées, des montagnes que l'on a franchies, des villes qu'on a occupées, frappent les yeux et aussi l'imagination. Les Vénitiens n'ont pas cru ces cartes monumentales indignes d'être associées aux sublimes tableaux qui ornent le palais [1]. J'oserai ajouter ici que c'est un spectacle fait pour émouvoir, et qui m'a vivement frappé ; il ajoute à l'effet des peintures historiques.

On connaît un grand nombre d'atlas ou cartes manuscrites du XVIe siècle, antérieurs à 1550, ou plutôt à 1570, époque à laquelle nous devons nous arrêter. Ces cartes curieuses sont éparses dans toutes sortes de lieux : Parme, Venise, Nuremberg, Florence, Milan, Rome, Weimar, Londres, Paris, Zurich, Padoue, Messine, etc. Encore, dans une même ville, on ne les trouve pas réunies ; ainsi, à Florence, elles se partagent entre quatre ou cinq bibliothèques, la Laurenziana, la Magliabecchiana, la Palatina, l'Archivio di-

1. Il serait superflu de dire tout le parti qu'on pourrait tirer dans nos palais, dans nos bibliothèques de France, de ces peintures géographiques, aujourd'hui que les connaissances de cette espèce commencent à se répandre dans les écoles publiques, même du premier degré. — J.

plomatico, etc.; à Rome, les unes sont à la Bibliothèque Vaticane, les autres à la Propagande; à Paris aussi, pour les voir toutes, il faut parcourir un grand nombre de bibliothèques.

Si nous comprenons dans notre examen les cartes du même temps gravées sur bois ou sur métal, nous en compterons plus de deux cents. La plus ancienne et la plus curieuse de toutes est celle déjà citée, que Jean Ruysch a composée en 1508 (ou même plus tôt) pour être jointe à l'édition de Ptolémée de cette année : ce n'est pas le lieu de faire la description de ce curieux monument, il suffirait d'ailleurs de renvoyer à ce qu'en a dit l'illustre baron de Humboldt. D'un autre côté, les cartes gravées de cette époque sont assez rares, plusieurs même uniques; nous en parlerons donc ici dans l'examen ou plutôt dans l'indication rapide que nous allons en faire. Si le lecteur avait sous les yeux les listes que nous en avons formées, soit dans nos voyages d'Allemagne et d'Italie, soit d'après une correspondance étendue, puis établies par ordre chronologique, il serait frappé de la part qu'a ce dernier pays dans le nombre des productions géographiques. Pour une carte française il y en a plus de six italiennes. Les cartes anglaises sont encore plus rares que les nôtres. On est étonné d'en voir si peu d'espagnoles, du moins qui soient conservées [1].

C'est Venise qui l'emporte pour les cartes gravées à cette époque sur toute l'Italie, et, par conséquent, sur l'Europe entière, et Rome à la suite; plusieurs Génois ont produit des cartes, mais ailleurs qu'à Gênes : nous en connaissons peu de ce temps qui aient été publiées dans cette ville. Les plus féconds des cosmographes de cette époque sont Jacques Gastaldo, Piémontais, et Paul Forlani, de Vérone,

1. Il ne faut pas oublier l'Allemagne : Sébastien Munster, dès 1532, produit un Atlas général à Nuremberg, et Stumpfen, dans sa Chronique, donne une carte de France en 1548. — J.

géographe et graveur à la fois, tous deux travaillant à Venise. Ces deux hommes laborieux ont embrassé dans leurs publications presque toutes les parties du globe alors connues; c'est dans leurs cartes spéciales et dans leurs mappemondes qu'il faut voir le progrès des découvertes ou du moins des connaissances géographiques parvenues jusqu'à eux, et qu'ils ont pu mettre en œuvre. On est étonné qu'aujourd'hui, après deux ou trois siècles de recherches érudites, le nom de ces deux hommes ne leur ait pas acquis une juste réputation : mais nous en avons fait entrevoir la cause au commencement de cet article. Venise compte un autre auteur et graveur de cartes qui a beaucoup produit, Fernand Bertelli, et aussi Fabio Licinio, en même temps géographe et graveur.

Si l'on étudie ces cartes anciennes avec quelque attention, l'on voit que les imprimeries de cartes géographiques étaient principalement à Venise et à Rome au XVIe siècle, de 1552 à 1570; l'une signait ses impressions : *Mich. Tramezini formis;* l'autre, *Vincenti Luchini formis*. En ce petit nombre d'années, il sortit de ces deux presses un très-grand nombre de cartes. Un Napolitain, Pyrrho Ligorio, y contribua beaucoup. Il y avait une sorte d'émulation d'une ville à l'autre, et, dans la même ville (Venise par exemple), d'un auteur à un autre auteur : ainsi, on voit en 1552 Jacques Gastaldo publier à Venise une carte de l'Italie, et, en 1559, une carte de l'Asie; en 1562 et 1564, Paolo Forlani donner une carte de l'Afrique et une du Frioul. Dans les années suivantes, Gastaldo produit des cartes de la Pologne, de la Germanie, de la Moscovie, de la Suède, du globe, de l'Afrique occidentale, de l'Anatolie, de la Caramanie, de la Sicile, de la Pouille, de la Hongrie, de la Syrie, du Piémont, de la Corse, de l'Espagne, jusqu'à l'an 1567. Forlani, à son tour, donne des mappemondes, des cartes de la Hollande, de l'Allemagne, de la Bavière, de la Belgique, de l'île de Cuba, de la Flandre, de la Gaule, de la Savoie, du Piémont, de la

Lombardie, du territoire de Rome, de l'an 1560 jusqu'à la même année 1567; et quatre années après l'infatigable géographe donne l'empire turc, la Dalmatie, Rome, Chypre, l'Anatolie, l'Océan, la Méditerranée, le golfe de Venise, l'Égypte, et enfin le Pérou [1].

Plusieurs auteurs français, déjà cités, ont publié dans le même espace de temps des cartes comparables, sinon même supérieures, aux cartes italiennes, sans parler des cartes restées inédites : Nicolas de Nicolaï, Dauphinois, 1558, Oronce Finé, aussi Dauphinois, 1531 et 1561, Pierre Jolivet, 1560 et 1570, Olivier Teuchet, 1551, Guillaume Postel, 1570, André Thevet, 1535; La Sale, auteur de la Salade, les a tous précédés; sa carte curieuse remonte au xve siècle (la 2e édition, 1521).

Le nombre est si grand des cartes remarquables gravées sur bois ou sur métal, dans les deux premiers tiers du xvie siècle, qu'il est impossible d'en citer ici la dixième partie; notons-en seulement quelques-unes encore, en omettant celles qui sont jointes aux Ptolémées. D'abord, une petite carte de l'*Itinerarium Portugalensium in Indiam euntium*, de 1508, et la mappemonde d'Apien l'ancien, de 1520. Ortelius, comme je l'ai dit, mentionne un très-grand nombre de cartes, dont la plus ancienne est celle de 1511 par Bernardus Sylvanus ; ensuite, celle de 1528, la Sarmatie, par Florianus ; la Hongrie, par Lazarus. L'Isolario de Benedetto Bordone, qui remonte à la même année 1528, et qui est le recueil des plans des îles alors connues, mérite d'être cité, ainsi que l'*Orbis terrarum* de Grynæus, de 1532, la Palestine de Ziegler, de 1532, la mappemonde de Joachim Vadianus, de 1534, l'Atlas général de Sébastien Munster, qui a paru pour la première fois en 1532 et qui a été introduit dans plusieurs éditions de Ptolémée; la

1. Ortelius n'a cité dans ses sources qu'une partie des cartes de Forlani et de Gastaldo, cartes publiées avant son ouvrage. — J

grande mappemonde de Sébastien Cabot faite pour Charles Quint et gravée sur métal en 1544; la Bavière du second Apien (Philippus Apianus) de la même année; la France, carte allemande de 1548, etc.

Si nous passons aux cartes sur vélin restées manuscrites, nous remarquons d'abord, soit pour l'importance, soit pour la beauté de l'exécution, les cartes de Diego Ribeiro, conservées à Weimar, de 1529; la carte de Vesconte de Marolla, de 1547, conservée à Paris; celles de Vesconte de Majollo, de 1512, 1524 et 1525; une carte de Pietro Visconti, de 1527, des cartes de Fréduce (Freducci), de 1533 et 1550; la carte du globe par Rotz, au Musée Britannique, carte dédiée à Henri II, en 1549, présentant, au sud de Java, une grande terre qui a été comparée à l'Australie; les cartes dites du Dauphin et la grande carte que nous possédons à Paris[1] qui est de la même date et faite aussi du temps de Henri II pour le Dauphin; la carte de Pierre Descelliers, de 1550, toutes contenant ce même continent austral[2]. La mappemonde turque commentée par Assemani, datée de 1559, conservée à Venise sur quatre planches, ouvrage d'un hadji turc, Ahmed-el-Tounsy (de Tunis); un bel atlas portugais provenant de la Bibliothèque de Rosny; plusieurs atlas de Diogo Homem, conservés à Paris et à Venise, des années 1559, 1560, 1561; plusieurs grandes cartes du globe de 1561, de Palestrina; les cartes de Jean Martinès, faites à Messine en 1567; le bel atlas de Guillaume Le Testu, Français, et l'atlas de Jacques de Vaulx, autre pilote français, d'un travail précieux[3], tous deux conservés à Paris, l'un au Dépôt de la guerre, l'autre à notre grande Bibliothèque. On remarque, dans cette période du XVIe siècle,

1. Cette carte, que possédait M. Jomard, a été achetée en Angleterre. E. C.

2. Voir les pl. 23 à 24 de notre Atlas. — J.

3. Nous le citons, quoique plus récent, à cause de la beauté de l'ouvrage; il est de 1583. — J.

deux cartes de Beninchasa (Andrea), conservées à Palerme et à Rimini, et une autre du même, bien plus ancienne, du musée Borgia, de 1508.

Nous sommes ainsi parvenu à la limite que nous nous sommes tracée, celle du second tiers du XVIe siècle, limite si bien marquée par les travaux mémorables d'Ortelius et plus tard ceux de Mercator et de Cluvier. C'est à tort selon nous que, dans les derniers temps, on a voulu associer à la gloire de ces réformateurs Ignazio Danti, dominicain, de Pérouse[1], qui fut employé longtemps à Florence par Cosme de Médicis, et aussi à Rome par le pape Grégoire XIII, pour orner le Vatican d'une galerie géographique : ses travaux dénotent le talent du cartographe plutôt que la profonde érudition géographique, mérite qui met Ortelius bien au-dessus, et même le place au sommet de la science et lui assure dans la postérité le titre de fondateur. Son époque est comme l'avénement de la science des modernes. Il recueillit comme un héritage la science de ses prédécesseurs immédiats et celle des anciens ; mais il établit la nouvelle sur d'autres fondements et sur une base inébranlable.

En terminant cet article, nous résumerons en quelques mots les monuments les plus imposants de la géographie avant le XVIe siècle, ceux auxquels on doit s'attacher principalement.

Après la table Théodosienne, qui, malgré la date récente de sa copie, remonte à la date la plus ancienne de toutes, viennent : 1° la mappemonde de Hereford, XIIIe siècle ; 2° l'atlas de Vessconte, les cartes de Marino Sanuto, la mappemonde des Pizigani, les manuscrits de Ptolémée, et l'atlas catalan, du XIVe siècle ; 3° les cartes du XVe siècle de la Bibliothèque Palatine, les cartes de Viladestes, d'Andrea Bianco, de Frà

1. C'est à lui que l'on doit le cadran de marbre qu'on voit à Florence, l'armille équinoxiale et la méridienne qu'on voit à Santa-Maria, et la grande méridienne de San-Petrone, à Bologne, qu'il contruisit en 1576, méridienne à laquelle travailla plus tard Dominique Cassini. — J.

ro, la carte itinéraire d'Allemagne, les cartes des Benincasa, de Martin Behaim (son globe et sa mappemonde), la carte générale de Juan de la Cosa, qui paraît avec la fin du xv° siècle; 4° enfin, certaines cartes orientales mais surtout la carte d'Edrici. Ces cartes ne suffisent pas sans doute pour suivre les progrès de la géographie, mais ce sont les pièces capitales qu'il importe d'étudier à fond comme introduction à l'étude des découvertes mémorables de la fin du xv° siècle et du siècle suivant [1].

§ VII. — De la gravure et de l'impression des cartes.

L'invention de l'imprimerie ayant exercé une grande influence sur le progrès de la géographie, il ne sera pas déplacé ici de traiter de la gravure et de l'impression des cartes.

Nous avons parlé de la forme des premières cartes géographiques et de celles qui leur ont succédé jusqu'au xv° siècle, époque à laquelle les productions graphiques de la science ont pris une forme un peu plus exacte. Nous avons esquissé seulement ce qui regarde les cartes nautiques, les cartes plates et les autres, sans traiter des modes suivis par les constructeurs pour suppléer à un système de projection régulière. Ici nous dirons quelque chose de la gravure et de l'impression des cartes des xv° et xvi° siècles, ce sujet n'ayant été que peu étudié.

On a commencé à graver les cartes sur bois, comme toute espèce de dessin; malgré l'infériorité de la gravure xylographique, comparativement à la gravure sur métal, il faut reconnaître que le parti qu'on a pris au xv° siècle par nécessité, a été en même temps un avantage pour la science. Pour imprimer simultanément les cartes et le texte descriptif, on a donné à ces cartes une date certaine, et,

1. Le xvii° commence à Nicolas Sanson, et sort du plan. — J.

de plus, on a sauvé de la destruction un grand nombre d'originaux de cette époque reculée, qui ont presque tous disparu. La gravure sur métal, c'est-à-dire sur étain ou sur cuivre, est venue bien après, 1460 ou 1470, ce qui est probablement la date la plus ancienne des cartes gravées sur bois; ce dernier mode a même persévéré très-longtemps dans le XVIe siècle, sans doute à cause de la commodité du travail d'impression.

Toutefois c'est une chose à noter que, dès la première apparition des cartes de Ptolémée gravées, époque à laquelle on ne connaissait que les vingt-sept cartes primitives de ce grand ouvrage, dix pour l'Europe, quatre pour l'Afrique, douze pour l'Asie, et la carte du globe enfin, dès l'année 1478, on grava toutes ces cartes sur cuivre. Ce fut un Allemand, Arnold Buckinck, qui imprima à Rome, et sans doute grava lui-même ces vingt-sept cartes. On lit, au dernier folio, les mots suivants, un peu emphatiques :

« Inexplicabile ferme terre astrorumque opus Claudii Ptolemæi Alexandrini philosophi geographiam Arnoldus Buckinck e Germania Rome tabulis æneis in picturis formatam impressit. »

» Sempiterno ingenii artificiique monumento. Anno Dominici natalis M.CCCC.LXXVIII. VI idus octobris, sedente Sixto IIII. Pont. max. anno ejus VIII. »

Le genre de gravure des cartes de 1478, quoique conventionnel, est très-remarquable par sa netteté. Les montagnes sont une imitation des manuscrits, les mers sont représentées par de petits traits oblongs qui forment une teinte uniforme, les forêts sont dessinées avec assez de goût; tous les noms sont en lettres capitales. Pour un début l'on ne peut se défendre d'admirer le travail de Buckinck. Notre confrère M. Walckenaer, dans la notice qu'il lui a consacrée, fait remarquer avec raison que la première idée de graver les cartes de Ptolémée sur cuivre appartient à Swcynheym, le même qui avait importé à Rome la typographie. Notre savant confrère n'est pas moins fondé à blâmer le second éditeur de ces mêmes planches, Petrus de Turre, pour avoir passé sous silence le nom de Buckinck. Ces cartes étant les plus anciennes connues, il n'est pas nécessaire de parler de celles qui suivirent en Italie, en Allemagne, en France et en Angleterre.

La première origine de la gravure xylographique des cartes est plus difficile à constater. La mappemonde et la carte de la Terre Sainte publiées dans le *Rudimentum novitiorum*, Lubeck, 1475 [1], étaient les plus anciennes cartes gravées sur bois [2]. Jackson, l'auteur de l'Histoire de la gravure sur bois [3], a tort en donnant pour le premier exemple de la gravure des cartes sur bois celles de Ptolémée d'Ulm par Léonard Hol, en 1482. Voir la fin du volume :

« Claudii Ptolemei viri Alexandrini Cosmographie octavus et ultimus liber explicit opus donni Nicolai Germani secundum Ptolemeum finit. Anno M.CCCC.LXXXII. Augusti vero Kalendas XVII. impressum Ulme per ingeniosum virum Leonardum Hol prefati oppidi civis [4]. »

La gravure est sur un système tout différent de celui de Buckinck. Les mers, destinées à être coloriées, restent en blanc. Il en est de même des montagnes, elles n'ont reçu aucun travail. Il n'y a en lettres romaines capitales que les grands noms principaux. Dans quelques cartes, comme la troisième d'Afrique et la septième d'Asie, le graveur a exprimé par un travail particulier les forêts et les montagnes. Son nom figure sur la mappemonde, où on

1. L'ouvrage parut en France sous le titre de *Mer des histoires*, Paris, 1488, 2 vol. in-folio. — J.

2. Voir *Biographie universelle*, article de Brocard ou Burchard, voyageur en Terre Sainte en 1232. — J.

3. Londres, 1839.

4. L'édition romaine de 1478 a été préparée par Domitius Calderinus, de Vérone. (Voir la préface). — J.

lit ces mots : *insculptum est per Johannem Schnitzer de Armsheim ;* ce nom mérite d'être conservé. Si l'on se rappelle les cartes du poëme de Berlinghieri, aussi d'un genre tout particulier, voilà trois atlas pour la géographie de Ptolémée absolument différents, gravés sur bois ou sur métal, et publiés presque simultanément de 1478 à 1482, à Rome, à Florence, à Ulm, c'est-à-dire évidemment par un motif d'émulation scientifique et une sorte de concurrence. Ici la plus récente publication, celle d'Ulm, est la plus imparfaite. Et cependant ce n'était pas un début : il avait paru, bien avant, des cartes xylographiques : 1° la première carte du globe, par Antoine La Sale, composée vers 1460, doit avoir paru vers 1480 ; la première édition n'a pas de date ; la deuxième est de 1527. 2° On gravait déjà sur bois entre 1440 et 1450, et même des sujets dessinés avec perspective, et des figures bien plus compliquées que les cartes. 3° La carte de l'Allemagne et de l'Europe centrale, où toutes les lignes de jonction menées d'une ville à l'autre sont divisées par milles, a tous les signes d'une gravure faite vers la moitié du XVe siècle.

Quant au Ptolémée imprimé à Bologne par Dominicus de Lapis, avec la date suspecte, sinon fausse, de M.CCCC.LXII, Woltersdorf le fait descendre à 1480, Breitkopf à 1491, Raidel et d'autres savants à des dates encore différentes. Ses cartes sont aussi gravées sur bois, mais on ne saurait l'opposer à la carte du globe et à celle de la Terre Sainte du *Rudimentum Novitiorum,* à cause de l'incertitude qui règne sur l'interprétation des deux derniers chiffres II. Plusieurs ont pensé que ces deux unités devaient être changées en un X ; c'est une matière à conjectures. En présence de l'opinion qui accepte la date de 1462, sont deux autres opinions entre lesquelles on flotte encore, l'une qui l'attribue à une faute d'impression, à une simple méprise ; l'autre, mais peu probable, qui supposerait ici une erreur volontaire : le procès ne pourra être jugé définitivement que si l'on découvre par la suite un nouvel exemplaire du Ptolémée de Bologne avec le nom de Beroald et une date différente[1].

1. La date M CCCC LXII qu'on lit dans la souscription de cette édit. de Ptolémée est évidemment fausse. C'est vraisemblablement M CCCC LXXXII (1482) qu'il faut lire. En effet, il est d'abord établi d'une manière à peu près certaine que l'imprimerie n'a pas été introduite en Italie avant 1465, et à Bologne en particulier, avant 1471; le premier ouvrage imprimé avec date par Dominique de Lapis est d'ailleurs de 1476. De plus, le *Ptolémée* qui nous occupe porte des signatures, et l'on sait que l'usage des signatures ne remonte pas au delà de 1472. Enfin, il est dit, au dernier feuillet (le feuillet contenant la table), que P. Beroald a mis la dernière main à l'achèvement de cette édit.; or Béroald, né en 1453, n'avait que neuf ans en 1462. — E. C. (D'après une note fournie par M. Thierry, conservateur du département des imprimés de la Bibliothèque nationale.)

LISTES DES CARTES DONT SE COMPOSE L'ATLAS DES MONUMENTS DE GÉOGRAPHIE, 21 CARTES, ENSEMBLE 80 FEUILLES [1].

I. Globe céleste arabe-koufique en bronze, du XIe siècle.
II. Globe céleste arabe en bronze, fait à la Mecque au XVIe siècle.
III. Astrolabe koufique rapporté d'Égypte.
IV. Sujets tirés d'un manuscrit florentin du XVe siècle.
V. Carte itinéraire d'un pèlerinage de l'an MCCCXVIII.
VI. Carte militaire du moyen âge, représentant le théâtre de la guerre à l'époque des premières conquêtes de la république de Venise en terre ferme.
VII. Carte de l'ancien Padouan.
VIII. Carte perspective italienne du XVe siècle.
IX. Atlas de Petrus Vessconte, du XIVe siècle.
X. Mappemonde des frères Pizigani, de l'an MCCCLXVII.
XI. Carte marine du XIVe siècle.
XII. Mappemonde par Mohhammed ebn Aly-ebn-Ahmed al-Scharfy, de Sfax, au 1009 de l'hégire.
XIII. Dix mappemondes des Xe, XIIIe et XIVe siècles.
XIV. Mappemonde du XIIIe siècle conservée à Hereford.
XV. Globe de Martin Behaim (Hémisphère occidental. — Hémisphère oriental).
XVI. Mappemonde de Juan de la Cosa, pilote de Christophe Colomb, fin du XVe siècle.
XVII. Globe terrestre de la première moitié du XVIe siècle.
XVIII. Cartes du XVIe siècle, figurées sur une cassette de la collection Trivulci.
XIX. Mappemonde peinte sur parchemin par ordre de Henri II, roi de France.
XX. Mappemonde de Sébastien Cabot, pilote-major de Charles-Quint, de la première moitié du XVIe siècle.
XXI. Mappemonde de Gérard Mercator, Duisbourg, 1569.

LES CARTES SUIVANTES SE VENDENT SÉPARÉMENT.

X	13 fr.
XV	9 fr.
XVI	13 fr.
XIX	25 fr.
XX	17 fr.
XXI	17 fr.

1. Atlas en vente à la librairie d'Arthus Bertrand, rue Hautefeuille 21.
Exemplaire en noir. . . . . 200 f.
Exemplaire en couleurs. . . . . 500 f.

PARIS. — IMPRIMERIE É. MARTINET, RUE MIGNON, 2.

LES MONUMENTS DE LA GÉOGRAPHIE

Recueil d'anciennes cartes européennes et orientales, accompagnées de sphères terrestres et célestes, de mappemondes et tables cosmographiques, d'astrolabes et autres instruments d'observations, depuis les temps les plus reculés jusqu'à l'époque d'Ortelius et de Gérard Mercator, publiés en fac-simile de la grandeur des originaux, par M. *Jomard*, membre de l'Institut de France, conservateur des Collections géographiques de la Bibliothèque Nationale, président de la Société de Géographie, etc., etc. Ouvrage contenant des recherches pour servir à l'histoire des découvertes et des sciences géographiques. Atlas grand in-folio renfermant 21 cartes, ensemble 80 feuilles. 200 fr.

Exemplaire en couleurs.. .. 500 fr.

Nomenclature des cartes.

I. Globe céleste arabe-koufique en bronze, du XIe siècle.
II. Globe céleste arabe en bronze, fait à la Mecque au XVIe siècle.
III. Astrolabe koufique rapporté d'Égypte.
IV. Sujets tirés d'un manuscrit florentin du XVe siècle.
V. Carte itinéraire d'un pèlerinage de l'an MCCCXVIII.
VI. Carte militaire du moyen âge, représentant le théâtre de la guerre à l'époque des premières conquêtes de la république de Venise en terre ferme.
VII. Carte de l'ancien Padouan.
VIII. Carte perspective italienne du XVe siècle.
IX. Atlas de Petrus Vessconte, du XIVe siècle.
X. Mappemonde des frères Pizigani, de l'an MCCCLXVII.
XI. Carte marine du XIVe siècle.
XII. Mappemonde par Mohhammed ebn Aly-ebn-Ahmed al-Scharfy, de Sfax, an 1009 de l'hégire.
XIII. Dix mappemondes des Xe, XIIIe et XIVe siècles.
XIV. Mappemonde du XIIIe siècle conservée à Hereford.
XV. Globe de Martin Behaim (Hémisphère occidental. — Hémisphère oriental).
XVI. Mappemonde de Juan de la Cosa, pilote de Christophe Colomb, fin du XIVe siècle.
XVII. Globe terrestre de la première moitié du XVIe siècle.
XVIII. Cartes du XVIe siècle, figurées sur une cassette de la collection Trivulci.
XIX. Mappemonde peinte sur parchemin par ordre de Henri II, roi de France.
XX. Mappemonde de Sébastien Cabot, pilote-major de Charles-Quint, de la première moitié du XVe siècle.
XXI. Mappemonde de Gérard Mercator, Duisbourg, 1569.

Les cartes suivantes se vendent séparément.

X.. 13 fr.
XV... 9 fr.
XVI.. 13 fr.
XIX.. 25 fr.
XX... 17 fr.
XXI.. 17 fr.

PARIS. — IMPRIMERIE É. MARTINET, RUE MIGNON, 2.

www.ingramcontent.com/pod-product-compliance
Ingram Content Group UK Ltd.
Pitfield, Milton Keynes, MK11 3LW, UK
UKHW020356180726
13839UKWH00003B/1131

9 782329 558455